K.A. Martin Hartmann

Über das altspanische Dreikönigsspiel

nebst einem Anhang enthaltend ein bisher ungedrucktes lateinisches

Dreikönigsspiel, einem Wiederabdruck des altspanischen Stückes, sowie einen

Exkurs über die Namen der drei Könige, Caspar, Melchior, Baltasar

K.A. Martin Hartmann

Über das altspanische Dreikönigsspiel

nebst einem Anhang enthaltend ein bisher ungedrucktes lateinisches Dreikönigsspiel, einem Wiederabdruck des altspanischen Stückes, sowie einen Exkurs über die Namen der drei Könige, Caspar, Melchior, Baltasar

ISBN/EAN: 9783743331228

Hergestellt in Europa, USA, Kanada, Australien, Japan

Cover: Foto ©ninafisch / pixelio.de

Manufactured and distributed by brebook publishing software (www.brebook.com)

K.A. Martin Hartmann

Über das altspanische Dreikönigsspiel

K. A. Martin Hartmann

Ueber das altspanische Dreikönigsspiel

nebst einem

Anhang

enthaltend

ein bisher ungedrucktes

lateinisches Dreikönigsspiel,

einen Wiederabdruck

des altspanischen Stückes,

sowie einen

Excurs

über die Namen der drei Könige

Caspar, Melchior, Baltasar.

Inauguraldissertation

zur

Erlangung der philosophischen Doctorwürde

an der

Universität Leipzig.

Bautzen 1879.
Verlag von **H. A. Kayser.**

Mit Genehmigung der hohen philosophischen Facultät ist nur der Haupttheil dieser Arbeit und ein Stück des Anhangs im Drucke eingereicht worden. Die ganze Arbeit erscheint demnächst in demselben Verlage von H. A. Kayser, Bautzen.

Wie schwankend das Urtheil über Literaturerzeugnisse zu sein pflegt, welche, einer uns fern liegenden Zeit angehörig, durch den Zufall der Ueberlieferung isolirt, d. h. ohne die das Verständniss und die Würdigung erleichternde Hülfe verwandter Denkmäler auf uns gekommen sind, das hat die Geschichte der mittelalterlichen Literaturforschung in diesem Jahrhundert zu wiederholten Malen gezeigt. Oft genug haben frühere Urtheile berichtigt werden müssen, nachdem durch das Bekanntwerden reicheren Materials die Möglichkeit einer vergleichenden Betrachtungsweise an die Hand gegeben, und damit das Urtheil über den literarischen Werth wie die chronologische Stellung eines Denkmals auf einen festeren Boden gerückt worden war. Allerdings vermag ja auch diese vergleichende Betrachtungsweise nicht auf alle Fragen Antwort zu ertheilen, aber sie gewährt doch den unschätzbaren Vortheil, dass sie durch inductives Befragen einer Reihe von Einzelerscheinungen die Gewinnung eines Massstabes der Beurtheilung erleichtert.

Von diesem Gesichtspunkte aus leuchtet es ein, dass die Würdigung des altspanischen Dreikönigsspiels Schwierigkeiten haben muss. Selbst ein Fragment, ist es als der einzige Vertreter des geistlichen Schauspiels im alten Spanien auf uns gelangt. Nicht nur ist uns kein anderes Stück in der Volkssprache erhalten, auch an lateinischen, auf dem Boden Spaniens erwachsenen Denkmälern, aus denen wir ein unmittelbares Bild von den Anfängen der Gattung daselbst gewinnen könnten, fehlt es zur Stunde noch vollständig. Und nicht minder kärglich ist es mit Nachrichten bestellt, die sich aus der sonstigen Literatur Spaniens schöpfen lassen. Zwar wissen wir, dass die Goten bald nach

ihrer Ankunft in Spanien den griechisch-syrischen Ritus in
den Kirchen des Landes einführten — ein Ritus, welcher
einen reichen Fonds dramatischer Elemente im Keime
enthielt —, wir wissen auch, dass vom 6. Jahrhundert an
Antiphone und Responsorien nicht selten Erwähnung finden,
aber wie lange es dauerte, ehe das Officium sich zum Drama
umgeformt hatte, darüber haben wir kein Urtheil. In der
That fällt die einzige positive Nachricht vor dem 14. Jahrhunderte, der wir eine wahrhafte Bereicherung unserer
Kenntnisse verdanken, erst um die Mitte des 13. Jahrhunderts.
Ich meine die auf das Schauspiel bezügliche Stelle im Gesetz-
buche König Alfonso's X.[1]) In gewisser Hinsicht wird ja
die späte Zeit derselben durch ihre Ausführlichkeit compen-
sirt. Indem sie uns einen Blick in den Zustand des geistlichen Schauspiels in Spanien um jene Zeit thun lässt, er-
öffnet sie uns zugleich eine Perspective auf frühere Perioden.
Denn wir schöpfen aus ihr die sichere Kunde, dass dasselbe
damals schon längst über das erste Stadium seiner Entwicklung hinausgeschritten war, dass neben den Vorstellungen
in den Kirchen auch ausserhalb derselben solche stattfanden,
und sich offenbar einer grossen Beliebtheit bei Stadt- und
Landbevölkerung erfreuten.[2]) Wie sich hiernach vermuthen
lässt, hatte die Geistlichkeit nicht mehr ausschliesslich das
Vorrecht der Darstellung, ja die Verhältnisse waren bereits
so weit gediehen, dass man in den Aufführungen ein Mittel
zum Gelderwerb erblickte. Es sind uns vom Könige auch
einige Inhaltsangaben erhalten, aus denen hervorgeht, dass

---

[1]) Siehe Partidas, I. VI. 34.

[2]) Die Thatsache, „dass die aufgeführten Stücke nicht bloss in
stummer pantomimischer Action bestanden, sondern gesprochen wurden," wie v. Schack (Geschichte der dram. Literatur u. Kunst in Spanien
1. Band, Berlin 1845 p. 114) aus den Worten Alfonso's schliesst: —
Representacion hay que pueden los clerigos facer, asi como de la na-
cencia de nuestro señor Jesu Cristo en que muestra como el angel
vino á los pastores é como les dijo como era Jesu Cristo nacido —
diese Thatsache muss nach dem ganzen Zusammenhange der Stelle als
etwas selbstverständliches angenommen werden und bedurfte daher oben
keiner besondern Erwähnung.

man damals in Spanien die nämlichen Gegenstände darstellte, wie in den übrigen Ländern der katholischen Christenheit: die Geburt Christi mit der Erscheinung des Engels bei den Hirten, die Anbetung der drei Könige, die Passion und Auferstehung. Unverkennbar geht aus den Worten des grossen Gesetzgebers hervor, wie sehr es ihm am Herzen lag, dem geistlichen Schauspiele, dessen sittlichen Einfluss auf das Volk er wol würdigte, seine ursprüngliche Reinheit zu wahren. Aber gerade aus den sichtlichen Anstrengungen, die er in diesem Sinne machte, sowie namentlich daraus, dass er es förmlich unter die Controle der kirchlichen Behörde stellte, sieht man doch deutlich, dass es zu seiner Zeit schon stark mit weltlichen Elementen untersetzt war, und dass die Darsteller ihren Gegenstand nicht immer mit der ernsten und weihevollen Stimmung vortragen mochten, die dem Könige unerlässlich schien.

Aber wenn wir nun auch durch diese Stelle einen gewissen Punkt der Entwicklung des geistlichen Dramas kennen lernen, so müssen wir doch, wie bemerkt, eingestehen, dass der Stufengang derselben noch sehr unklar bleibt. Dieser liesse sich nur mit Hülfe von Stücken oder wenigstens von Notizen aus der Zeit vor König Alfonso bestimmen. An den letzteren fehlt es zur Zeit noch ganz, und die ersteren sind bis jetzt nur durch ein Beispiel vertreten.

Aus diesem Mangel an Materialien für eine Geschichte des geistlichen Schauspiels im alten Spanien erklärt sich nun wol zum Theil die Verschiedenheit der Ansichten, welche über das Alter des hier zu behandelnden Dreikönigsspiels ausgesprochen worden sind. Don José Amador de los Rios[1], der erste Herausgeber,[2] setzte es in das 12. Jahrhundert,

---

[1] Es ist nicht correct, wenn Diez, Gram. der rom. Sprach. 3. Aufl. Bonn 1870 p. 96, wol nach einem Irrthume von Wolf, Eberts Jahrb. f. rom. u. engl. Phil. 1865, p. 60, sagt, dass Don José das Stück dem 11. Jahrhundert zuweist, cf. Historia Critica de la Literatura Española, tom. 3. Madrid 1863 p. 29. 656. 657.

[2] Historia Critica de la L. E. tom. 3. p. 658—660. Dieses für die Sprach- und Literaturgeschichte Spaniens so wichtige Denkmal war

und zwar noch vor den Cid, wenn ich seinen Ausdruck recht verstehe. Lidforss,[1]) der zweite Herausgeber, welcher das Verdienst hat, einen philologisch verwerthbaren Text geliefert zu haben, glaubte es bis in das 11. Jahrhundert heraufrücken zu können. Andere wiederum scheint keine dieser beiden Ansichten befriedigt zu haben. Was das Alter der Handschrift anbelangt, so ist man auch darüber nicht einig. Der Augustinermönch Frias, welcher Anfang dieses Jahrhunderts die Domstiftsbibliothek von Toledo, wo sich die Handschrift damals befand, katalogisirte, liess sie im 13. Jahrhundert entstanden sein. Andrerseits gehört sie nach dem Paläographen Don José Maria Escudero de la Peña spätestens in die 2. Hälfte des 12. Jahrhunderts, und zwar „indudablemente" wie er sich ausdrückt. Da sich indess diese Datirung nur auf die Schriftcharactere stützt, so dürfte sie wol nicht ohne weiteres anzunehmen sein. Denn man weiss, dass sich auch der gewiegteste Paläograph um einen Zeitraum von ungefähr einem halben Jahrhundert täuschen kann. In jedem gegebenen Augenblicke besteht eine ältere und eine jüngere Generation von Schreibern. Es können daher zwei in dem nämlichen Jahre entstandene Schriften einen sehr verschiedenen Character aufweisen, und zwei zeitlich getrennte Perioden zu repräsentiren scheinen. Soviel dürfte indess in unserm Falle aus dem Zusammenhalten der beiden Ansichten hervorgehen, dass die Handschrift ungefähr zwischen die Mitte des 12. und des 13. Jahrhunderts fällt.

Die Datirung des Stückes selbst hängt nun zum guten Theile von dem Urtheil ab, welches man sich über die Behandlung des Stoffes einerseits, und andrerseits über den Character der Sprache bildet. Nach diesen zwei Seiten gedenke ich das Dreikönigsspiel zu betrachten.

Um sich jedoch über den ersten Punkt klar zu werden,

---

schon gegen Ende des vorigen Jahrhunderts vom Erzbischof Vallejo in Toledo entdeckt worden. Charakteristisch für Spanien aber musste es zum zweiten Mal entdeckt werden, ehe es zur Veröffentlichung gelangte, cf. Wolf an der unter p. 3 [1]) citirten Stelle.

[1]) Ebert's Jahrbuch etc. 1871 p. 44—45.

ist eine Voruntersuchung nöthig. Wie war das Dreikönigsspiel beschaffen, ehe es im Gewande der Volkssprache auftrat? Da lateinische Texte aus Spanien selbst noch nicht veröffentlicht sind, — es kann kaum bezweifelt werden, dass solche auch dort noch existiren, — so wende ich mich, um diese Frage wenigstens annäherungsweise richtig zu beantworten, an die lateinischen Dreikönigsspiele des mittelalterlichen Frankreichs und Deutschlands. Die Berechtigung dieses Verfahrens ist nicht wol anzufechten. Ganz abgesehen von der nicht unbedingt auszuschliessenden Möglichkeit, dass lateinische Texte Frankreichs, des Landes, wo sich die Blüthe des fraglichen Spieles constatiren lässt, ihren Weg nach Spanien gefunden haben können, wie wir bestimmt wissen, dass sie nach Deutschland gedrungen sind, muss darauf hingewiesen werden, dass für die ältere Zeit ein bedeutender Unterschied unter den Dreikönigsspielen der verschiedenen Länder nicht anzunehmen ist. Denn der Inhalt war ja von vorn herein durch den Text des Matthäus vorgezeichnet. Nur im Rahmen desselben konnte es sich damals um Weiterbildungen handeln, welche indess, in Anlehnung an die Situation selbst, sich auf verschiedenen Punkten der abendländischen Kirche, wenn auch gleichmässig oder ähnlich, so doch unabhängig von einander entwickeln konnten.[1]) In der

---

[1]) Nur ein Beispiel sei hier angeführt. Dass es natürlich war, dem Herodes eine Person beizugeben, welche die drei Fremdlinge einführt und sonstige Dienste verrichtet, deren ein König bedarf, liegt auf der Hand. Demgemäss erscheint in mehreren lat. Stücken ein sog. Nuntius, und in unserm span. ein Maiordomo. Auch für das ital. Dreikönigsspiel des 12. Jahrhunderts darf man eine derartige Person voraussetzen. Dies ergiebt sich aus einer Sculptur des Gruamons zu Pistoja, auf welcher zwischen den von links anreitenden Fremden und dem auf einem Throne sitzenden Herodes eine knieende Figur dargestellt ist, ohne Zweifel der „Nuntius," der die Fremden anmeldet. Fragt man, wo Gruamons diese durch die Bibel nicht an die Hand gegebene Figur hernahm, so ergiebt sich als einfachste Antwort: Aus den Dreikönigsspielen seiner Zeit. (cf. D'Agincourt-Quast, Denkmäler der Sculptur, taf. XXVII.) Guhl und Caspar (Denkmäler der Kunst zur Uebersicht ihres Entwickelungsganges von den ersten künstlerischen Versuchen bis zu den Standpunkten der Gegenwart, 2. Bd. Stuttgart 1851 p. 75)

ältern Zeit aber, wo das Drama noch rein kirchlich war, oder doch die Kirche kaum verlassen hatte, können Weiterbildungen überhaupt unmöglich tiefgreifender Art gewesen sein. Indem wir von der Betrachtung dieser ältesten lateinischen Stücke ausgehen, deren Entstehungszeit nur um ein kleines die erste Hälfte des 12. Jahrhunderts überschreiten kann[1]), werden wir einen ungleich correcteren Standpunkt für die Beurtheilung des spanischen Dreikönigsspiels gewinnen, als wenn wir es, so zu sagen, als eine in der Luft schwebende Erscheinung auffassten.

Was nun die hier zu besprechenden lateinischen Stücke anbelangt, so sehe ich einmal ganz von dem Falle ab, wo die drei Könige in einem umfassenderen Myster auftreten, denn wir haben es hier nur mit den ersten Entwicklungsstadien des Spieles zu thun. Auch das Wiener Bruchstück[2]) lasse ich hier ganz bei Seite. Wilken,[3]) der es als „ein gelehrtes Spielwerk" characterisirt, hat damit zweifellos das Richtige getroffen. An eine Aufführung kann dabei unmöglich gedacht werden. Für uns kommen hier im Ganzen sieben lateinische Dreikönigsspiele und ein kleines Fragment in Frage,

---

unterlassen, bei der Beschreibung des Reliefs die betreffende Figur zu erklären.

[1]) Im voraus sei bemerkt, dass ein Hauptargument für diese Datirung aus der Thatsache zu schöpfen ist, dass keines der hier in Rede kommenden Stücke die bekannten Namen der drei Könige enthält. Gewöhnlich werden sie da als Primus, Secundus, Tertius bezeichnet. Ja in dem einen Freisinger Stücke, welches schon eine weitentwickelte Form darstellt, nennt der eine König sich gar Zoroaster. (Du Méril, Origines Lat. du Théâtre mod. Paris 1849 p. 160.) Dies ist entscheidend. Die Namen Caspar, Melchior, Baltasar wurden definitiv erst um 1166 auf die drei Könige fixirt, und gewannen von da an rasch Verbreitung und Popularität (cf. Excurs).

[2]) ed. Du Méril, l. c. p. 151 Note. Mit Wilken (Geschichte der geistlichen Spiele in Deutschland, Göttingen 1872 p. 14,) ist gegen Du Méril daran festzuhalten, dass es ein Fragment ist. Wilken (p. 13) setzt die Entstehung desselben in das 12. bis 13. Jahrhundert. Ich möchte es, der sonderbaren Namen Aureolus, Thureolus, Myrrheolus wegen, noch vor 1166 ansetzen. Nach dieser Zeit waren die obigen Namen populär, es war also kein Grund mehr da, jene barocken zu bilden.

[3]) l. c. p. 14.

welche, bis auf eine Ausnahme, einem gemeinsamen Typus angehören. Dieselben will ich nun in den folgenden Seiten kurz besprechen, und zwar in der Ordnung der Entwicklungsstufe, welche sie repräsentiren. Ich brauche kaum zu bemerken, dass es nicht meine Absicht sein kann, eine Geschichte des lateinischen Dreikönigsspiels zu geben, hier, wo ich die betreffenden Stücke nur einleitungsweise als Hülfsmaterial zur Beurtheilung des spanischen Textes heranziehe.

Wenn ich M. Léopold Delisle[1]) recht verstehe, so scheint er das aus der Kathedrale von Nevers stammende kleinere Magieroffiz, dessen Handschrift in das 11. Jahrhundert fällt, für die älteste Form dieses lateinischen Spieles zu halten. Indess hat man Grund anzunehmen, dass das zuerst von Dom Martène[2]) und dann von Du Méril[3]) herausgegebene Officium von Limoges eine ungleich primitivere Form aufweist. Allerdings lässt uns der Benedictiner[4]) sowol wie Du Méril über das Alter der Handschrift und des Textes völlig im Ungewissen, indess glaube ich nicht fehlzugehen, wenn ich es als das älteste unter den erhaltenen lateinischen Dreikönigsspielen ansehe.[5]) Denn hier ist noch nicht einmal der dramatische Character, im Gegensatz zum episch-lyrischen, rein

---

[1]) Romania 1875, p. 2: „Je ne cite qu'un exemple qui nous fait assister à la naissance et aux premiers développements d'un des mystères qui ont eu le plus de vogue au moyen âge, celui de l'adoration des rois mages."

[2]) Dom Martène, De Antiquis Ecclesiae Ritibus etc. tom. III. Antuerp. 1737 col. 124.

[3]) Du Méril, l. c. p. 151.

[4]) In dem Quellenverzeichniss, welches dem ersten Bande des Martène'schen Werkes vorausgeschickt ist, liest man mit Bezug hierauf nur: „Lemovicensis ecclesiae vetus Ordinarium ex codice ejusdem ecclesiae," und: „Lemovicensis ecclesiae S. Martialis antiquum Ordinarium ms."

[5]) Wenn ich eine Privatnachricht benutzen darf, so hält auch ein so ausgezeichneter Kenner des mittelalterlichen Dramas wie M. Sepet dieses Officium für sehr alt: „Considérée dans son texte, cette pièce me paraît fort ancienne, et je le ferais remonter à la fin du XIe siècle. Elle est même peutêtre plus ancienne encore." Wilken, l. c. p. 14 Note 2 nennt es „sehr alt."

ausgeprägt. Die erzählende Form ist noch nicht vollständig abgestreift. Wie im Feenmärchen die mit erhobener Lanze auf den Helden eindringenden Feinde plötzlich inmitten der Bewegung erstarren, so beobachten wir hier ein mitten im Fluss der Bewegung vom Officium zum eigentlichen Drama stehen gebliebenes Denkmal. In den Versen, welche die drei als Könige gekleideten Chorknaben singen, während sie, mit goldenen Gefässen in den Händen, langsam von der Hauptthüre aus auf das Altar zuschreiten, in diesen Versen sprechen sie von sich selbst in der dritten Person:

„Novi partus signum fulget orientis patria,
Currunt reges orientis stella sibi praevia,
Currunt reges et adorant deum ad praesepia,
Tres adorant regem unum, triplex est oblatio."

Und ebenso nach dem Absingen dieser Verse, wo der erste sein Gefäss mit den Worten erhebt: „Aurum primo," der zweite „thus secundo," der dritte „myrrham dante tertio." Die Handlung selbst ist noch ausserordentlich einfach. Nachdem die Könige ihre Geschenke erklärt haben — aurum regem, thus coelestem, mori notat unctio — zeigt einer auf den an einem Faden von der Decke herunterhängenden und vor ihnen her sich bewegenden Stern, und singt mit freudig erhobener Stimme die Worte der Liturgie: „Hoc signum magni regis." Und nun gehen die drei auf das Altar zu, indem sie die Liturgie fortsetzen: „Eamus, inquiramus eum, et offeramus ei munera, aurum, thus et myrrham." Nachdem sie ihre Geschenke auf dem Altare niedergelegt haben, ertönt hinter demselben die Stimme des Engels: „Nuntium vobis fero de supernis: natus est Christus dominator orbis in Bethlehem Judae, sic enim propheta dixerat ante." Indem die drei ihrem lebhaften Erstaunen über diese Erscheinung Ausdruck verleihen, gehen sie nach der Sacristei zu und singen den Antiphon: „Natus est rex coelorum."

Man sieht, diese ganze Darstellung athmet noch einen höchst naiven kindlichen Geist, dem nichts ferner liegt als irgend welche Künsteleien. Characteristisch ist auch der Umstand, dass die Aufführung in den Händen von Knaben ruht. Ausser den Königen treten keinerlei Personen auf. Denn der Engel ist noch hinter dem Altar verborgen. Kein Herodes, natürlich auch keine von den sonstigen durch das Auftreten des Herodes bedingten Personen. Besonders wichtig ist auch der Umstand, dass das Christkind hier noch nicht bildlich dargestellt wurde, wie dies später ja Sitte war. Ohne Zweifel nahm man ursprünglich an, dass die Anwesenheit Christi durch das Altar und die Monstranz deutlich genug ausgesprochen sei. Auf dem Altar lassen ja auch die drei ihre Geschenke. Bis auf einige wenige Verse wird ausdrücklich bemerkt, dass der Text gesungen wurde. Alles in Allem ist die enge Verbindung des Stückes mit dem Gottesdienste noch sehr deutlich erkennbar.

Wenn man nun dieses Officium von Limoges mit dem Officium Stellae von Rouen[1]) vergleicht, welches ich an zweite Stelle setzen möchte, so springt der Unterschied sofort in die Augen. Einmal ist der dramatische Character hier schon entschiedner herausgebildet. Wenn auch noch ein kleiner Theil der Handlung, als Ersatz für einige noch fehlende Personen, vom Chore durch recitirenden Gesang ergänzt wurde, so kommt doch der Fall nicht mehr vor, dass eine der auftretenden Personen von sich selbst als einer dritten spräche. Einfach wie die Handlung auch hier noch ist, zeigt sie doch einen unverkennbaren Fortschritt über das vorige Stück. Denn gleich im Eingange erfahren wir, dass die drei Könige von verschiedenen Seiten auftreten, und zwar in Begleitung von Dienern, welche die Geschenke tragen. Erst dann treffen sie zusammen, und begrüssen sich mit dem üblichen Kusse — alles Momente, welche dem vorigen Stücke noch unbekannt waren. Nunmehr ziehen sie in feierlicher Procession — als Andeutung der Reise nach Bethlehem — durch das Schiff der Kirche nach dem Altar, wo der Stern brennt, und dort geht die Anbetung vor sich. Das Christ-

---

[1]) ed. Du Méril, l. c. p. 153—156. Du Cange, Gloss. med. et inf. lat. VI. col. 367. cf. Didron, Annales Archéologiques VIII. Paris 1848, p. 43—46. Das Epiphaniasfest hiess in Frankreich auch Festum Stellae, so in einer Hdsch. des S. Victor, Paris bei Du Cange s. v. stella.

kind wird, wie ausdrücklich bemerkt ist, in diesem Stück wirklich dargestellt, durch eine Puppe natürlich. Abgesehen von den Statistenrollen der Diener sind die drei Könige nicht mehr die einzigen auftretenden Personen. Ausser ihnen erscheinen noch „duo de maiori sede cum dalmaticis ex utraque parte altaris stantes." Darunter sind, wie man aus den analogen Stücken zweifelsohne sieht, „obstetrices" zu verstehen,[1]) jene beiden Figuren, die nach alter Sage als

---

[1]) Wie nothwendig es ist, diese lateinischen Stücke im Zusammenhange zu betrachten und gegenseitig zur Erklärung zu benutzen, das sieht man aus der irrthümlicher Auffassung dieser beiden Figuren, welche M. Félix Clément in Didron's Annal. Archéol. VIII p. 44—45 vorgetragen hat: „Les mages, arrivés devant l'autel, c'est-à-dire à Bethléem, trouvaient là deux personnages d'un rang considérable et revêtus de dalmatiques; ils figuraient probablement deux anges en prières auprès de l'enfant Jésus. Ces personnages se demandaient à voix basse quels pouvaient être ces hommes qui, conduits par une étoile, parlaient une langue étrangère. Il était naturel que les rois mages, comme gentils, ne fussent pas reconnus par les anges. Nous trouverions encore volontiers, dans ce détail, une nouvelle preuve de l'exquise convenance que le 13e siècle ne sacrifiait jamais, même dans les circonstances qui autorisaient une certaine liberté." Das Versehen ist um so auffallender, als der Verfasser, wie man aus den Annal. Archéol. VII p. 315 sieht, die hier in Frage kommende Tradition sehr wol kennt. Dass man nun die Darstellung dieser Hebammen Personen von hohem Range übertragen habe, ist nicht gut denkbar. M. Clément ist zu seiner Auffassung wol durch das Wort „dalmatica" verleitet worden, welches allerdings für das bischöfliche Gewand vorkommt. Doch sieht man aus Du Cange, dass auch das Gewand der Diakonen dalmatica genannt wird. Als Diakonen haben wir uns daher wol diese Darsteller zu denken. Die Dalmatica, ein langes bis über die Kniee reichendes Gewand mit weiten Aermeln, musste zur Darstellung von Frauenrollen besonders geeignet erscheinen. Uebrigens deutet das „summissa voce" in dem von M. Clément benutzten Texte, und „suaviter respondeant" bei Du Méril schon darauf hin, dass mit diesen Rollen Frauen gemeint sind.

Die Stücke, aus denen sich die richtige Auffassung der zwei Figuren ergiebt, sind das grössere von Nevers und das von Orléans. Das im Anhang mitgetheilte aus Compiègne hat „mulieres." Wenn in dem Freisinger Stücke, und in diesem allein, die Worte: „Qui sunt — ferunt" einem Angelus al. zugewiesen werden, so liegt vielleicht ein Verschreiben des Copisten vor, oder man hat Wilkens Vermuthung

menschliche Zeugen der göttlichen Geburt beiwohnten, und die aus der apokryphischen Evangelienliteratur in die älteren Kunstdenkmäler der orientalischen und occidentalischen Kirche sowie in die geistliche Dramatik des Mittelalters übergegangen sind. Wilken's[1]) Vermuthung, dass sie desshalb in das geistliche Schauspiel aufgenommen wurden, um die Darstellung der heiligen Familie selbst zu umgehen, hat viel Wahrscheinlichkeit.

Diesen zwei Personen sind nun beim Herannahen der Könige die Worte zugetheilt: „Qui sunt hi qui stella duce nos adeuntes inaudita ferunt?" Und nachdem sich die Fremdlinge vorgestellt haben: „Tunc duo dalmaticati, aperientes cortinam, dicant: Ecce puer adest quem queritis! Jam properate adorare quia ipse est redemptio mundi." Als nun die Anbetung vor sich gegangen ist, tritt gegen den Schluss ein als Engel gekleideter Chorknabe auf, der, während die drei in Schlaf versunken scheinen, den Antiphon singt: „Implera sunt omnia quae prophetice dicta sunt, ite ob viam remeantes aliam, ne delatores tanti regis puniendi eritis." Auffällig können diese letzten Worte in so fern erscheinen, als Herodes selbst im Stücke noch nicht auftritt. Dass man Anfangs eine gewisse Scheu hatte, gerade diese Figur, welche in der patristischen Literatur öfters als eine Incarnation des Teufels aufgefasst wird,[2]) mit in den Bereich kirchlicher Darstellung zu ziehen, lässt sich wol begreifen.[3])

beizutreten, welcher meint: „Zu dem Angelus al. der Hdsch. hat vielleicht ein Redecolon gehört, welches wir nicht mehr lesen." Auf keinen Fall aber ist mit Du Méril angelus in pastor zu ändern.

[1]) l. c. p. 11.
[2]) z. B. Isid. Alleg. novi testam. 143 u. a.
[3]) Wenn ein ganz spätes deutsches Weihnachtsspiel (Kurtze Comödie von der Geburt des Herrn Christi, Berlin 1589) den Herodes auch nicht hat, und die drei sich dafür an den Hohenpriester von Jerusalem wenden, so war der Grund zur Auslassung hier einfach der, dass das Stück zur Aufführung am Brandenburger Hofe bestimmt war. Natürlich konnte die Figur des Herodes, der im Laufe der Zeit mit allen Widerwärtigkeiten ausgestattet ein höchst bedenklicher Vertreter des monarchischen Princips geworden war, vor einem fürstlichen Publicum nicht auf die Bühne gebracht werden.

Indess wenn Herodes hier auch noch nicht wirklich auftrat, so wurde doch eventuell bei der Aufführung, während die Procession ihren Weg durch das Schiff der Kirche verfolgte, der Text des Matthäus, welcher die Unterredung des Herodes mit den Magiern enthält, gesangsweise vorgetragen: „si necesse fuerit," wie es heisst. Der Sinn dieser Worte ist mir allerdings nicht ganz klar. Sicher geht daraus hervor, dass man den Passus zu Zeiten auch ganz weg liess.

Von Interesse ist dieses Officium von Rouen besonders desshalb, weil es, von geringfügigen Textesabweichungen abgesehen, mit fast wörtlicher Uebereinstimmung als Kern in sämmtlichen weiterhin zu besprechenden Dreikönigsspielen wiederkehrt, deren Handschriften meist aus sehr verschiedenen Gegenden stammen: zwei aus Nevers, eine aus Compiègne, eine aus Freisingen, eine aus Orléans, und zu diesen noch ein Fragment unbekannter Herkunft. Das Rouen'sche Stück, das primitivste unter den genannten, darf man füglich als das älteste in dieser Reihe bezeichnen, als dasjenige, welches, wenn nicht die ursprüngliche Quelle, ihr doch sicherlich am nächsten steht.

Das Spiel, welchem die nächste Stelle zuzuweisen ist, findet sich in einer Nevers'schen, um die Mitte des 11. Jahrhundert entstandenen Handschrift unter dem Titel: „V(ersus) ad stellam faciendam," ganz ohne Angabe der Personen, ohne irgend welche Winke für die Aufführung.[1]) Die Handlung verläuft in derselben einfachen Weise, wie im vorigen Stücke, nur sieht man hier zum ersten Male die frü-

---

[3]) ed. von M. L Delisle, Romania 1875, p. 2—3. Einige Bemerkungen zum Texte: dass das erste Redecolon von „stella fulgore — signaverant" auf die drei Magier zu vertheilen ist, ergiebt sich aus den analogen Stücken. Bei den Worten: „Regem quem queritis — dicite nobis" hat den Schreiber das Gedächtniss verlassen. Hier sind nämlich zwei nicht zusammengehörige Fragen zusammengeworfen und die Antwort auf die zweite Frage ganz vergessen. Mit Hülfe der analogen Stücke ergiebt sich folgender Text: Regem quem queritis natum quo signo didicistis? — Illum natum esse didicimus in Oriente stella monstrante. — Si illum regnare creditis dicite nobis. — Hunc regnare fatentes cum misticis muneribus adorare venimus. —

heren Bedenken überwunden, und den Herodes im Gespräch mit den Magiern eingeführt. Diese Neuerung weist entschieden darauf hin, dass dieses Spiel nach dem Officium Stellae von Rouen anzusetzen ist, mit welchem sein Text sonst fast wörtlich übereinstimmt, und an welches auch die Ueberschrift erinnert. Das Fehlen der Personenangaben und der Anweisungen für die Aufführung, zusammengehalten mit dem Vorhandensein der ersteren und der Ausführlichkeit der letzteren im Officium Stellae von Rouen kann dagegen nicht ins Gewicht fallen. Denn dieses Fehlen ist ein reiner Zufall der Ueberlieferung, welcher durchaus nicht ausschliesst, dass beide Stücke in der nämlichen Weise zur Aufführung gebracht worden sind. Auch das Officium Stellae von Limoges, für welches wir aus innern Gründen ein sehr hohes Alter in Anspruch nehmen mussten, enthielt ziemlich eingehende Bemerkungen in Bezug auf die Darstellung. In Hinblick auf die folgenden Dreikönigsspiele sei daran erinnert, dass dieses kleinere Stück von Nevers den Herodes noch allein auftreten lässt. Weder Bote noch Waffenträger, noch sonstiges Gefolge erscheint neben ihm. Auch die Schriftgelehrten fehlen noch ganz.

Zunächst an dieses Stück schliesst sich das in einer Handschrift des 12. Jahrhunderts erhaltene grössere Dreikönigsspiel von Nevers an.[1]) Hierin begegnen wir einer Form,

---

[1]) ed. von M. L. Delisle, l. c. p. 3—6. Dass dieser Text stark alterirt ist, scheint noch nicht bemerkt zu sein. Der Herausgeber constatirt die Ueberlieferung mit den Worten: „Le mystère se présente sous une double forme." Dass aber keine dieser beiden Formen, so wie sie in der Handschrift stehen, aufgeführt worden ist und aufgeführt worden sein kann, ergiebt sich bei näherer Prüfung. Einmal was die erste Form anlangt, so sind hier die einzelnen Theile des Dialogs von einem wie es scheint gedächtnissschwachen Schreiber in sinnentstellender Weise auseinandergerissen worden. Das Stück fängt ganz unmotivirt mit den Worten des Nuntius an: Regia vos etc. In keinem der verwandten Stücke tritt der Nuntius zuerst auf. (Die vor den Worten: Regia vos etc. stehenden drei Hexameter „Credimus — evo" den Magiern in den Mund zu legen, verbietet einmal der Hinblick auf die übrigen Stücke, wo die Magier stets mit den Worten: Stella fulgore nimio rutilat etc. auftreten, und zweitens das Fehlen der Worte

die schon in mehrfacher Beziehung Weiterbildungen aufweist. Als eine ganz neue Figur tritt hier nämlich der Nuntius

magi.) Die Worte der Magier ferner: Hunc regnare fatentes etc. nachdem der Nuntius gesprochen, haben keine Beziehung. Aus den verwandten Stücken sieht man, dass sie die Antwort auf die Frage des Herodes sind: „Si illum regnare creditis dicite nobis." Diese finden sich in unsrer verstümmelten Version ganz am Schluss, wo man natürlich die Antwort darauf vermisst. Sonderbarerweise sind dann die Worte der Schriftgelehrten: Vidimus, domine, etc. den Semiste zugetheilt, von denen diese eben herbei geholt worden sind. Dass die Frage des Herodes: Regem quem queritis etc. und die beiden sich daran schliessenden Sätze nach der Befragung der Schriftgelehrten stehen, liesse sich allenfalls aus dem Texte des Matthäus rechtfertigen. Da indess die betreffenden Dialogtheile in allen verwandten Stücken vor der Befragung erscheinen, so ist auch hier eine Alteration des Textes anzunehmen.

Was die zweite Form anlangt, so ist sie zwar besser, aber doch auch nicht frei von Fehlern. So fehlt die Antwort der Magier auf die Worte des Herodes: „Si illum regnare creditis dicite nobis." Und die Scene mit den Schriftgelehrten ist nur durch die drei Worte: „Huc semiste mei" angedeutet. Es hat den Anschein, dass hier auf die erste Form Bezug genommen wird, wo diese Scene, wenigstens was die Folge der einzelnen Dialogtheile anlangt, richtig gegeben war. Wie lässt sich nun diese eigenthümliche Ueberlieferung erklären? Da beide Formen im Manuscripte von einer Hand herrühren, so scheint nur die Annahme offen zu sein, dass der aus dem Gedächtnisse arbeitende Schreiber, als er zu einem gewissen Punkte des Textes gelangt war, selbst die Unzulänglichkeit seines Versuches einsah, und nun, vielleicht mit Hülfe Jemandes andern, sich bemühte, einen bessern Text zu geben, den er mit dem Worte „aliter" einleitete. Die Schriftgelehrtenscene, die in der ersten Form correct war, hätte er sich dann einfach begnügt, anzudeuten, und das nämliche Verfahren hätte er an einigen andern Stellen angewandt. Sei dem nun, wie ihm wolle, auf keinen Fall darf man die zwei Formen als zwei verschiedene Redactionen betrachten. Denn keine von beiden konnte, so wie sie in der Handschrift stehen, aufgeführt werden. Es erwächst daher die Aufgabe, den ursprünglichen Text aus beiden Formen heraus zu reconstruiren, eine Aufgabe, welche sich mit Hülfe der verwandten Texte lösen lässt. Abgesehen davon, dass die Stellung einiger weniger Verse, namentlich von Regia vos etc. unklar bleibt, dürfte die folgende Reconstruction das Richtige treffen:

              Magus dicit primus:
Stella fulgore nimio rutilat.

auf, eine Art Mittelsperson zwischen Herodes und den Magiern. Ferner auch die Schriftgelehrten und die „Semiste,"

Secundus:
Que regem regum natum monstrat.
Tertius:
Quem venturum olim prophecie signaverant.
Magi simul:
Eamus ergo et inquiramus eum, offerentes ei munera, aurum, thus
et myrrham.

. . . .

Nuntius:
Regia vos mandata vocant, non segniter ite.
Idem:
En magi veniunt, et regem regum natum stella duce requirunt.
Rex:
Ante venire jube, quo possim singula scire
Qui sint, qur veniant, quo nos rumore requirant.
Nuntius:
Rex mandat vobis, omnis quem terra tremiscit,
Protinus ut gressum vestrum dirigatis ad ipsum.
Magi:
Nunc, venerande, tene sceptrum, rex, imperiale.
Rex:
Regem quem queritis natum esse quo signo didicistis?
Magi:
Illum natum esse didicimus in Oriente stella monstrante.
Rex:
Si illum regnare creditis dicite nobis.
Magi:
Hunc regnare fatentes cum misticis muneribus de terra longinqua
adorare venimus.
Rex:
Huc, semiste mei, dissertos pagina ad me properantes vocate.
Semiste (Hdschr. Nuntius):
O legis periti a rege vocati, cum prophetarum lineis properando
venite.
Rex:
O vos scribe interrogati dicite si quid de hoc puero manifeste
scriptum est.
Scribe (Hdschr. Semiste):
Vidimus, domine, in prophetarum lineis quod manifeste scriptum
est. (Chorus:) Bethleem non eris minima in principibus Juda. Ex te enim exiet dux, qui regat populum suum Israel. Ipse enim salvum faciet populum suum a peccatis eorum.

welche den Auftrag erhalten, diese herbeizuholen. Ein weiterer Fortschritt zeigt sich darin, dass zwischen die ursprünglichen Dialogtheile hier und da Hexameter eingeschaltet sind, ohne Zweifel, um dem Stücke damit einen gelehrten Anstrich zu geben. Allerdings legen die darin enthaltenen Reminiscenzen an Vergil Zeugniss dafür ab, dass ihr Verfasser der klassischen Poesie nicht ganz fremd stand. Dass er aber weit entfernt war, die Geheimnisse des römischen Versbaus zu besitzen, bedarf wol kaum der Erwähnung. Die flicklappenartige Einfügung der Hexameter in den alten Text macht einen barocken, nicht zu sagen komischen, Eindruck, und beweist, dass wahres Kunstgefühl diesem Bearbeiter fremd war.

An nächste Stelle gehört das aus einer Handschrift des elften Jahrhunderts stammende, im Anhang mitgetheilte **Dreikönigsspiel von Compiègne.**[1]) Der Fortschritt liegt hier einmal in der Einführung neuer Personen. Denn die Umgebung des Herodes beschränkt sich hier nicht mehr auf den Nuntius und die „Semiste." Neben diesen erscheinen noch Legati des Königs, von welchen die Magier vor diesen geführt werden, und ein Armiger.[2]) Abgesehen von einzelnen Textabweichungen und Hexametereinschaltungen — im Ganzen

Rex:
Ite et de puero etc.
Der Schluss lautet natürlich wie in der zweiten Version. Auf diese reconstruirte Gestalt des Stückes gründet sich die Besprechung desselben oben.

[1]) Die nahe Verwandschaft desselben zu dem grössern Stück von Nevers ergiebt sich daraus, dass zwei Hexameter hier wiederkehren:
Ante venire iube, ut (Nev: quo) possim singula scire,
Qui sint, cur veniant, quo nos pignore (Nev: rumore) requirant.
Allerdings erscheinen sie auch in den Stücken von Freisingen und Orléans, doch ergiebt sich schon bei oberflächlicher Betrachtung, dass diese später fallen müssen.

[2]) Diese Person ist wol dieselbe, wie die zuweilen auf alten Bildwerken neben Herodes erscheinende mit Schild und Speer ausgerüstete Figur. So z. B. an der Holzthüre von Sancta Maria in Capitolio zu Cöln, aus der Mitte ungefähr des 11. Jahrh. cf. Ernst aus'm Weerth, Kunstdenkmäler des christlichen Mittelalters in den Rheinlanden, taf. XL.

neun Hexameter — ist ganz neu die an die Worte des Engels: „Impleta sunt omnia" angefügte Schlussscene. Da meldet der Nuntius dem Herodes, dass er von den Magiern betrogen sei, und dieser giebt, auf den Rath seines Armiger, der als eine Art Vertrauter auftritt, den Befehl zum Kindermorde: „Indolis eximie, pueros fac ense perire!" Das Stück schliesst dann sehr passend mit dem in den Mund des Engels gelegten Worte Christi: „Sinite parvulos venire ad me, talium est enim regnum coelorum." Dadurch wurde der Eindruck der vorhergehenden Scene etwas gemildert.

Sehr merklich ist der Unterschied, welcher dieses Stück vom Freisinger[1]) Spiele scheidet. Gleich im Eingang findet sich jenes von M. Sepet als „loi de juxtaposition" bezeichnete Princip angewandt, welches für die Entwickelung des mittelalterlichen Dramas von so grossem Einflusse gewesen ist. Vor den Anfang ist nämlich eine zwar wenig umfängliche[2]), doch ganz neue Scene gerückt, in welcher die Hirten die frohe Botschaft empfangen und hierauf beschliessen nach Bethlehem zu ziehen. Als wenn der Verfasser selbst das Aeusserliche dieser Anschweissung gefühlt hätte, lässt er die Hirten später noch einmal auftreten und eine Frage der Magier über das, was sie gesehen, beantworten. Darauf aber beschränkt sich die Rolle der Hirten. Von sonstigen Weiterbildungen ist zu nennen die Ausdehnung des Gesprächs der Magier mit Herodes. Dieser fragt sie nämlich der Reihe nach über ihre Herkunft und jeder von ihnen antwortet mit einem Hexameter. Neu sind die Proceres, eine Art königlicher Hofstaat, unter denen der Armiger der Vornehmste und Wortführer ist. Letzterer erscheint mehr denn im vorigen Stücke als der Berather des Königs. Bemerkenswerth ist auch, dass der Character des Herodes als eines masslosen

---

[1]) ed. von Du Méril, l. c. p. 156—163; und Weinhold, Weihnachts-Spiele und Lieder, Graz 1853 p. 56—61.

[2]) Sie besteht nämlich nur aus den dem Evangelium Lucae entnommenen Versen: „Pastores annuntio vobis gaudium magnum, Luc. 2, 10. Transeamus Bethlehem, ut videamus hoc verbum, ib. 2, 15. Gloria in excelsis Deo et in terra pax hominibus bonae voluntatis ib. 2, 13.

Tyrannen, wie er später stehend wird, hier schon anfängt, entschiedener durchzublicken. Es findet sich nämlich die Anweisung, dass er das Buch, aus welchem die Schriftgelehrten ihre Prophezeihung vorgelesen haben, wüthend auf die Erde schleudern soll. Damit stimmt auch die Erweiterung in der Schlussscene, wo Herodes auf die Nachricht vom heimlichen Entweichen der Magier in die pompösen Worte ausbricht: „Incendium meum ruina extinguam."[1]) Es sind dies bekanntlich die Worte, mit denen Sallust den Catilina sich aus jener verhängnissvollen Senatssitzung vom 7. November stürzen lässt. Vermittelst einer sehr characteristischen Ideenassociation dachte der Verfasser bei Herodes an Catilina. Die Zahl der eingeschobenen Hexameter ist hier schon bedeutend angeschwollen, sie beträgt zwanzig, von denen manche centonistisch aus Vergilversen zusammen geflickt sind.[2])

Endlich das Stück von Orléans.[3]) Die vor den An-

[1]) Dass diese Worte schon in Frankreich auf Herodes übertragen wurden, geht mit hoher Wahrscheinlichkeit daraus hervor, dass sie auch in dem Orléans'schen Massacre des saints innocents (Du Méril l. c. p. 176) dem Herodes in den Mund gelegt sind.

[2]) In Bezug auf die Entstehung des Stückes sei folgendes bemerkt: Einige von den zuerst im Compiègne'schen Spiele auftretenden Textbestandtheilen erscheinen hier wieder. So die Worte, in welchen die Magier dem Herodes die Bedeutung der Geschenke erklären: Primus: auro regem, Secundus: thure sacerdotem, Tertius: mirra mortalem. (cf. Du Méril l. c. p. 159, wo die Worte Primus, Secundus, Tertius irrthümlich in den Text selbst mit hereingezogen sind.) Auch die Schlussscene des Compiègne'schen Stückes von „Delusus es — ense perire" erscheint in dem von Freisingen wieder, nur ist dabei ein Satz ausgelassen und der Hexameter leicht modificirt. Andrerseits findet man in unserm Stücke einen Hexameter aus dem grössern Spiele von Nevers wieder: Regia vos etc. Dies zeigt, dass der Verfasser contaminirend arbeitete.

[3]) ed. von Monmerqué in: Li Jus S. Nicol. 1834, p. 133—144, dann von Th. Wright, Early Mysteries and other Latin Poems of the 12th and 13th cent. London 1838, p. 23—28 und von Du Méril, l. c. p. 162—171. Wilken vermuthet, dass dieses Stück ungefähr gleich alt sei mit dem Freisingschen (l. c. p. 10). Allerdings kann ein grosser Zeitraum zwischen ihrer Abfassung nicht liegen. Indess spricht namentlich die bedeutende Erweiterung der Hirtenscene und die Einführung eines Sohnes des Herodes dafür, dass das Orléans'sche Spiel etwas jünger ist. Seiner Entstehung nach

fang geschobene Hirtenscene tritt hier weit ausführlicher auf, als im vorigen Spiele. Mit der Engelsverkündigung ist nämlich auch die Anbetung der Hirten verknüpft, wobei diesen, ganz ähnlich wie den Magiern, das Christkind von zwei Frauen gezeigt wird.[1]) Erst nach dieser Anbetung, und nachdem

---

erweist sich auch dieses bei näherer Betrachtung als contaminirt. Einmal trifft man darin Bestandtheile, die sich sonst nur im Freisingen'schen Stücke finden: 1. Die Worte der Magier an die cives hierosolomitani: Dicite nobis — venimus adorare, Du Méril l. c. p. 157 u. 164. 2. Die Worte: quae rerum novitas — tentare vias, Du Méril p. 158 u. 164. 3. Die Verse: Chaldaei sumus — rutilat, Du Méril p. 158 u. 164—165. 4. Die Worte: vive rex, ib. p. 158 u. 165 (variirt in: vivat rex). Andrerseits finden sich darin Bestandtheile des Compiègne'schen Spieles wieder: 1. Die Worte der Magier am Anfange: quia scriptum didicimus — servient ei. 2. Die zwei Hexameter: principus edictu — profectus, nur leicht variirend. 3. Die zwei Hexameter: Regem quaesitum — venerando. 4. Die Antwort der Magier an Herodes: ternum deum — muneribus, nur leicht variirend. 5. Im Gesange der Magier, wie ihn das Orléans'sche Stück bietet, Du Méril l. c. p. 169, heisst es — „quem Balaam ex judaica nasciturum dixerat prosapia. Haec nostrorum oculos fulguranti lumine praestrinxit lucida, et nos ipsos provide ducens ad cunabula resplendens fulgida." Dem entspricht im Comp. Texte: — „quam Balaam ex judaica orituram dixerat prosapia, que nostrorum oculos fulgorante lumine perstrinxit pavidos lucida. Ipsam simul congrediendo sectantes non relinquamus ultra, donec nos perducat ad cunabula." Zu bemerken ist allerdings, dass die in der letzten Rubrik unter 1., 2., 3. genannten Bestandtheile sich auch in dem Fragmente finden, welches Bibl. de l'École des Chartes 1873 pag. 658 gedruckt ist. Von diesem lässt sich so viel mit Sicherheit sagen, dass es in die spätere Entwicklung des Stückes gehört. Es enthält einen Prosasatz und vier Hexameter, die sowol im Comp. als im Orl. Stücke erscheinen, sonst nirgends, zwei Hexameter, die nur im Orl. vorkommen, und einen, der sich sonst überhaupt nirgends findet. Da nun das Fragment, wenn man nach dem geringen erhaltenen Reste schliessen darf, eine etwas weniger entwickelte Variation des Spieles vertritt als das Stück von Orléans, so hat es möglicherweise einer Vorlage des letzteren angehört.

[1]) Diese Scene stimmt im Wesentlichen mit dem Officium Pastorum von Rouen (Du Méril, l. c. p. 146—150). Doch ist hier auf einen characteristischen Zug aufmerksam zu machen, welcher zeigt, dass uns das Officium pastorum aus einer ältern Zeit überliefert ist, als die analoge Scene in unserm Myster. In jenem heisst es nämlich, als die

die Hirten dem umstehenden Volke ihre Freude über das
Kommen des Heils entgegen gejubelt haben, treten die Magier
auf, von verschiedenen Seiten aus, und begrüssen sich vor
dem Altar. Die Handlung verläuft nun ziemlich wie im
vorigen Stück. Indess wird der Nuntius durch den Armiger
vertreten, und als ganz neue Person wird der Sohn des Herodes eingeführt, der den Zorn des Vaters zu beschwichtigen
sucht und sich freiwillig erbietet, gegen den neuen König
der Juden zu Felde zu ziehen. Die Andeutung des Kinder-
mordes am Schlusse fehlt. Anstatt dessen brechen die Magier nach der Erscheinung des Engels in ein freudiges Dank-
gebet aus, womit das Ganze schliesst. Die Zahl der Hexameter ist neunzehn, also fast ebenso viel als im vorigen Stück.
Weit zahlreicher und ausführlicher sind die Anweisungen
zur Darstellung. So werden die Schriftgelehrten als „bar-
bati" bezeichnet, und es wird ausdrücklich vorgeschrieben:
„diu revolvant librum." Und nachdem sie die Prophezeiung
gefunden, heisst es: „Et ostendentes regi incredulo tradant
librum. — Tunc Herodes visa prophetica furore accensus proji-
ciat librum." Und nachdem er die Magier entlassen hat: „Magis
egredientibus stella praecedit eos, quae nondum in conspectu
Herodis apparuit, quam ipsi sibi mutuo ostendentes proce-
dant. Qua visa Herodes et filius minentur cum gladiis."

Auffällig muss daneben erscheinen, dass dieses Stück
keinerlei Andeutungen für die Darstellung der drei Magier
enthält, und insbesondere, dass es keine Auskunft darüber

Hirten zur Krippe kommen: Duo presbyteri dalmaticati de maiori sede
quasi obstetrices qui ad praesepe fuerint, dicant etc. — Hier aber
liest man: Tunc duae mulieres custodientes praesepe etc. Es ist
klar, worum es sich handelt. In jenem Officium mit seinem wesentlich
liturgischen Character erscheinen die Darsteller der Frauenrollen noch
in der dalmatica und begnügen sich, durch den Ton der Stimme anzudeuten, dass es sich um Frauen handelt. Von unserm Stücke wissen
wir, dass es den Schranken der Kirche schon entwachsen war (Du
Méril, l. c. p. 163 presepe quod ad januas monasterii paratum erit).
In ihm trugen die Darsteller wirklich Frauenkleider. (Ueber die Darstellung von Frauenrollen in den Mysterien cf. M. Sepet's Bemerkungen,
Bibl. de l'École des Chartes 1868 p. 265—269.)

giebt, ob man sie sich schon nach den drei Lebensaltern individualisirt dachte. In Verbindung hiermit ist zu beachten, dass die drei hier noch nicht mit ihren später so volksthümlichen Namen benannt werden, sondern einfach als Primus, Secundus, Tertius auftreten. Ja, in dem Freisingen'schen Stücke, welches nach dem oben gesagten nicht viel älter sein kann, als das von Orléans, nennt sich der eine von den dreien sogar Zoroaster. Daraus ergiebt sich mit mehr als Wahrscheinlichkeit, dass die Entstehung dieser Stücke sowol, wie aller andern oben besprochenen noch vor die sechziger Jahre des 12. Jahrhunderts fallen muss. Erst von dieser Zeit an wurden die drei Namen allgemein bekannt, und die individuelle Auffassung der drei allgemein ausgebildet. Und damit begann dann für sie die Popularität im höheren Sinne des Wortes, ihr eigentlich goldenes Zeitalter.

Noch eines Zuges sei Erwähnung gethan, welcher allen diesen Stücken gemeinsam ist: Die Auffassung und Behandlung des Stoffes erscheint noch durchweg als eine ernste. Dass sehr wol Gelegenheit zur Anbringung von komischen oder satirischen Elementen vorhanden war, wenn es in der allgemeinen Stimmung der Zeit gelegen hätte, lässt sich nicht leugnen. Namentlich würden die Personen aus der Umgebung des Herodes und die Schriftgelehrten hier einen günstigen Stoff geliefert haben. Aber weder in diesen noch in irgend welchen andern Fällen findet sich auch nur der leiseste Ansatz zu etwas wie Scherz oder Satire. Ich meine, auch dieser Zug verdient Berücksichtigung, wenn es sich darum handelt, im Grossen und Ganzen das Alter dieser Stücke zu bestimmen. Wenn er auch natürlich nichts durchschlagendes hat, so mag er doch wenigstens dazu dienen, das von andrer Seite her gewonnene Resultat zu bekräftigen.

Nach dieser Voruntersuchung gehen wir zur Betrachtung des altspanischen Dreikönigsspiels über. Allerdings ist nun eine volle Würdigung desselben durch die fragmentarische Gestalt, in der es überliefert ist, etwas erschwert. Es bricht da ab, wo die Schriftgelehrten daran sind, ihre Bücher nachzuschlagen, so dass man, nach der Anlage des Ganzen, den verlorenen Theil ungefähr auf denselben Umfang schätzen kann, wie den erhaltenen. Auch fehlen Winke oder Anweisungen für die Darstellung ganz, ein Element, welches wir als werthvoll für die Characteristik eines Stückes erkannt haben. Nichts desto weniger gestattet der erhaltene Text immerhin, sich ein Gesammturtheil zu bilden, und dies kann nur sein, dass eine weite Kluft zwischen den besprochenen lateinischen Stücken und dem altspanischen liegt. Diese Wahrnehmung drängt sich dem unbefangenen Leser, der von jenen zu diesem übergeht, sofort auf. Weder die an erster Stelle genannten Stücke rein naiven Characters, als deren letzten Vertreter ich das kleinere Spiel von Nevers ansehe, noch die der späteren Stufe, die eine Art Ansatz zu bewusst künstlerischer Darstellung aufweisen, können sich nach Inhalt oder Form mit ihm messen. Unverkennbar hat der Dichter seinen Stoff mit Geschick sowol als Liebe und Sorgfalt behandelt. Rauhheiten und Unebenheiten, wie sie fast jede Scene selbst des Freisingen'schen und Orléans'schen Stückes aufweist, erscheinen hier glücklich überwunden. Manches, was in der abgerissenen, sprunghaften Weise jener ältern Kunststufe den Eindruck des Unmotivirten machte, hat der spanische Dichter durch eine ausführlichere, in Stoff und Charactere tiefer eindringende Behandlungsweise vermieden. Und dabei ähnelt der Character der Sprache mehr dem auf der ersten Stufe der lateinischen Mysterien vertretenen. Im Gegensatz zu der barocken Mischung heterogener Stilelemente, wie sie die zweite Stufe aufweist, trägt sie im spanischen Dreikönigsspiel ein einheitliches Gepräge, ist durchweg einfach, natürlich, frisch und lebendig, mit einem echt volksthümlichen Zuge. Sie ist weit entfernt von jenen ersten lallenden Versuchen, mit denen sich eine Volkssprache unsicher tappend aus dunkler Vergangenheit an das Licht der Literatur hervorwagt. Das sind Töne, die schon Uebung und Bildung verrathen. Der Dichter erfüllte seine Aufgabe mit Geschick. Längere Reden wechseln passend mit kürzeren Partien ab, Monologe sind an geeigneter Stelle wirkungsvoll angewandt, der Dialog wird lebhaft geführt, das Ganze macht einen nicht unangenehmen Eindruck. Bemerkenswerth ist die letzte, leider unvollständig erhaltene Scene dadurch, dass sich ein leicht komisches Element mit hinein drängt, welches einen Vorgeschmack von der Behandlung des Stoffes im weitern Verlauf geben kann. Jedenfalls ist dies ein characteristisches Zeichen, nicht unwichtig für die Frage nach der etwaigen Zeit, in welche das Stück fallen kann. Die folgenden Bemerkungen dürften hinreichendes Beweismaterial dafür enthalten, dass diese allgemeine Charakteristik auf Thatsachen beruht.

Gleich die Eingangsscene verdient in so fern Beachtung, als kein einziger unter den oben behandelten lateinischen Texten etwas ihr entsprechendes enthält. Auch unter den in Vulgärsprachen geschriebenen Stücken wüsste ich nur das in der Chester'schen Sammlung befindliche Dreikönigsspiel zu nennen, welches eine analoge Scene aufweist. Die drei Könige treten nämlich hier zuerst einzeln auf und beobachten jeder für sich, längere Zeit hindurch, den Stern. Nach v. 21 kann man mit Wahrscheinlichkeit vermuthen, dass er von einem als Engel gekleideten Knaben getragen wurde, wie auch in dem eben erwähnten Stücke aus Chester ausdrücklich ein „angelus portans stellam" erwähnt wird,[1]) und wie er auch für das 1326 in Mailand aufgeführte Dreikönigsspiel angenommen werden muss.[2]) Der Engel war für die Magier unsichtbar, und so erklärt sich, wenn der eine sagt:
Esta strela non se dond vinet,
Quin la trae o quin la tine.
Einen recht anschaulichen Ausdruck finden die Gefühle, welche die Seelen der drei bewegen, während sie den Stern beobachten. Das „Hangen und Bangen in schwebender Pein" zwi-

---

[1]) The Chester Plays ed. Th. Wright, London 1843 p. 149. Nach uralter, weitverbreiteter Tradition pflegte man den Stern achteckig darzustellen.

[2]) Galvaneus de la Flamma, bei Muratori, rer. ital. scriptt. XII. Mediol. 1728 col. 1017: Fuerunt coronati tres reges in equis magnis, vallati domicellis, vestiti variis, cum somariis multis et familia magna nimis. Et fuit stella aurea discurrens per aera quae precedebat istos tres reges.

schen der Freude über die verheissungsvolle Erscheinung und
der Furcht vor einem Selbstbetruge sowie die endlich durch-
brechende Gewissheit ist in lebhaft erregter Sprache dargestellt, der man es anhört, dass sie von Herzen kommt:

„Dios criador! qual maravela!
No se qual es achesta strela!
Agora primas la e veida,
Poco timpo a que es nacida.
Nacido es el criador,
Que es de las gentes senior.

Non es verdad, non se que digo,
Todo esto non vale uno figo!
Otra nocte me lo catare,
Si es vertad bine lo sabre.

Bine es vertad lo que io digo,
En todo, en todo lo prohio!
Non pudet seer otra sennal,
Aquesto es, i non es al.
Nacido es Dios, por ver, de fembra
In acheste mes de decembre.
Ala ire, o que fure aoralo e,
Por Dios de todos lo terne."

Man sieht, diese Einleitung greift schon über den Bericht
des Matthäus hinaus, sie versetzt uns in das Morgenland
selbst, aus dem die drei Könige stammen. Erst nachdem sie
nun, ein jeder für sich, ihre Beobachtung gemacht und Gewissheit über die Erscheinung erlangt haben,[1]) treten sie in
der nächsten Scene ihre Reise an und treffen einander.
Diese Scene tritt nun hier ziemlich entwickelt auf, verglichen
mit dem, was die alten lateinischen Mysterien an dieser Stelle
bieten. Vom Standpunkte der Kunst aus musste es natürlich
unvollkommen erscheinen, wenn dort die drei Könige, die
einander vollständig fremd sind, ohne irgend welche Er-

---

[1]) Die Vertheilung der Reden in der ersten Scene auf die drei
ist zuerst von Mussafia gefunden worden, cf. Ebert's Jahrbuch 1865
p. 221. Doch ist mit Lidforss v. 34—36 dem zweiten zuzuweisen.

klärung zu geben oder zu verlangen, sich sofort im besten Einvernehmen zusammenschliessen resp. küssen, um hierauf die Reise gemeinschaftlich fortzusetzen. Der spanische Dichter hat herausgefühlt, dass die Motivirung hier etwas mangelhaft ist, und darum schaltet er, mit richtigem Gefühle, ein längeres, in raschem Wechsel der Personen geführtes Gespräch ein, in welchem die drei sich gegenseitig anreden, über den Zweck ihrer Reise befragen und dann erst sich gegenseitig auffordern, gemeinschaftlich zu reisen. Das ist so einfach und naturgemäss, dass wir schwer begreifen, wie man sich in früherer Zeit mit jener alten Weise begnügen konnte.

Was die von dem einem Magier v. 71 ff. gegebene Erklärung der drei Geschenke anbelangt, so ist dies die bekannte allegorisch-mystische, welche sich durch die patristische Literatur der griechischen und römischen Kirche bis in neueste Zeiten herunter verfolgen lässt. Wenn sich daher analoge Stellen in den besprochenen lateinischen Stücken finden, so ist deswegen natürlich an eine Entlehnung aus diesen nicht zu denken. Jene Deutung war eben Gemeingut der gesammten christlichen Kirche.

Nunmehr folgt eine dritte Scene, in welcher die drei vor Herodes auftreten. Ob dies bei der Aufführung wirklich so unvermittelt geschah, wie es nach unserm Texte den Anschein hat, oder ob hier nicht vielmehr einige Verse ausgefallen sind, durch welche die drei bei Herodes eingeführt wurden, lässt sich billig fragen. Wie es auch zu jener Zeit nicht Sitte war, dass Fremde, die einem Könige etwas vorzutragen hatten, direct ohne eine Mittelsperson an denselben gelangen konnten, so haben wir schon ziemlich früh in den lateinischen Dreikönigsspielen einen Nuntius auftreten sehen, und ebenso im italienischen Dreikönigsspiele. Auch in unserm Stücke kommt eine derartige Person wirklich vor, wie man aus v. 119 sieht. Da giebt nämlich Herodes seinem Maiordomo den Befehl, die Schriftgelehrten und Sterndeuter herbeizuholen. Und was die übrigen in Vulgärsprachen verfassten Dreikönigsspiele anbelangt, so weit sie mir bekannt geworden sind, so werden die Weisen darin regelmässig von einer

besondern Person vor Herodes geführt. Denkt man dazu
noch an die Entwicklungsstufe im Allgemeinen, welcher
unser Stück angehört, so ergiebt sich als fast unzweifelhaft
vor v. 76 eine Lücke. Dies ist ja nicht die einzige derartige Nachlässigkeit, die sich der Schreiber erlaubt hat. Lücken sind auch bei v. 34 und v. 45 anzunehmen, wo man
die entsprechenden Reime vermisst,[1]) und eine Lücke ist
bestimmt im Zwiegespräch des Herodes mit den drei Weisen
vorhanden. Denn einmal fehlt hier ein Hemistich, und sodann ist die Antwort Caspars auf die Fragen des Herodes
nicht vollständig. Dieser hat nicht nur nach den Namen
der Reisenden und dem Zwecke ihres Kommens gefragt,
sondern auch, wie Fremden gegenüber ja ganz natürlich,
und in diesem Falle unerlässlich, nach ihrer Heimath. Auf
diese Frage aber bleibt der Wortführer die Antwort schuldig.[2])
In den sonstigen nichtlateinischen Stücken unterlassen es die

---

[1]) Weder in diesen Fällen noch in dem folgenden deuten die Herausgeber eine Lücke an.

[2]) Vermuthungsweise sei hier ausgesprochen, dass Caspar in dem
ausgefallnen Stücke wahrscheinlich Arabien als Heimath angab.
Man kann nämlich nachweisen, dass sich grade in Spanien die Tradition eingebürgert hatte, nach welcher die drei Könige aus Arabien
kamen, eine Anschauung, die sich schon aus Psalm 71, 10 gewinnen
liess und die zuerst von Justinus Martyr bestimmt formulirt worden
war (Just. Mart. dial. c. Tryph. ed. Jebb p. 314 οἱ ἀπὸ Ἀραβίας μάγοι).
So werden sie im Cid v. 336 ausdrücklich Reyes de Arabia genannt,
und ebenso wird im Libro de Alexandro str. 268 Arabien ausdrücklich als ihre Heimath bezeichnet. Besonders diese letztere Stelle ist
hier beweisend. In dem ganzen Passus nämlich, wo sie erscheint und
wo ein geographischer Ueberblick über die hauptsächlichsten Theile
der Erde gegeben wird, ist die Alexandreis des Gautier von Châtillon
als Quelle benutzt. (Gaut. I. 413, cf. M. Morel-Fatio in der Romania 1875
p. 65.) Gautier nennt auch Arabien, aber ohne dabei zu erwähnen,
dass es das Vaterland ·der drei Könige sei. Der spanische Dichter
dagegen, dem die Vorstellung geläufig war, verfehlte nicht, sie mit
anzubringen:
„Arabia, do a Christo venieron con pitança
Quando fizo ennos ninnos Herodes la matancia."
Vielleicht wurden die Könige in unserm Stücke auch äusserlich ihrem

drei Weisen meines Wissens nie, dem Herodes anzugeben, aus welchem Lande sie kommen.

Sehr bemerkenswerth ist die Form, in welche die Fragen des Herodes gekleidet werden. Mit ihren kurz abgebrochenen, sich so zu sagen einander jagenden Satzgliedern malt sie sehr drastisch den aufgeregten Seelenzustand des Sprechenden:
Que decides? o ides? a quin ides buscar?
De qual terra venides? o queredes andar?
Decidme vostros nombres, nom los querades celar!
Unwillkührlich denkt man hierbei an eine Stelle des Orléans'schen, resp. Freisingen'schen Stückes, wo der Armiger die Magier fragt:
Quae rerum novitas aut quae vos causa subegit
Ignotas tentare vias? quo tenditis ergo?

Costüm nach als Araber dargestellt. Leider sind ältere Kunstdarstellungen Spaniens, die hierüber wahrscheinlich Auskunft ertheilen würden, so gut wie ganz unzugänglich.

Dass diese Tradition sich grade in Spanien festsetzte, lässt sich sehr wol begreifen. Von Einfluss mag hier einmal eine Stelle Isidors gewesen sein (Etymol. XIV 1, 15), in welcher Weihrauch und Myrrhe als specifische Producte Arabiens bezeichnet werden. Sodann die Eigenschaft der drei als Sternkundiger. Schon Isidor (Etymol. VIII 9, 25 cf. VIII 9, 9) erklärt die Magier als „stellarum interpretes." Bekanntlich aber haben die Araber seit frühen Zeiten einen Hang zur Astrologie und Astronomie gezeigt, und namentlich zur Zeit ihrer spanischen Herrschaft eine Reihe bedeutender Astronomen hervorgebracht. Auch dies mag auf die Anschauung von den dreien als Arabern influirt haben. Endlich aber ist an das Verhältniss zu erinnern, in welches die Spanier durch die Gewalt der Umstände zu den Arabern gesetzt wurden. Es war natürlich, dass ihnen die Araber, in Folge der durch Jahrhunderte sich ziehenden Kämpfe als die Vertreter des Heidenthums par excellence erschienen. So gebraucht Gonzalo del Berceo, Sacr. Miss. 50 moros gradezu für paganos. (Andrerseits wurde auch cristiano identisch mit español, so z. B. Cervantes, El ingenioso Hidalgo Don Quijote de la Mancha I. 38: hablar cristiano, und J. Howell, Instructions for forreine travell, London 1642, repr. Arber p. 49: A. Spaniard will commonly ask a stranger whether hee can speake Christian, i. e. Castilian.) So fasste man auch die Erstlinge der Heiden als Araber, als Mauren auf.

Quod genus? unde domo? pacemne huc fertis an arma? Diese Worte lehnen sich natürlich unmittelbar an eine Vergilstelle an, Aen. VIII. 112:

— Quae causa subegit
Ignotas tentare vias? quo tenditis? inquit;
Qui genus? unde domo? pacemne huc fertis an arma?

Dass auch die Verse des spanischen Dichters an die lateinischen Hexameter anklingen, ist evident. Man könnte nur fragen, ob dem Spanier die Vergilstelle vorschwebte, oder ob er vielleicht von einem der lateinischen Dreikönigsspiele, um das es sich hier handelt, Kenntniss hatte. Da sich indess für die letztere Ansicht schlechterdings kein andrer Anhalt finden lässt, so hat man die erstere, als die weit natürlichere, anzunehmen. Vergil war ein viel gelesener Dichter im Mittelalter. Verse, die so charakteristisch gebaut sind, wie die citirten, prägen sich leicht dem Gedächtniss ein, und konnten bei einer Veranlassung, wie die vorliegende, dem Dichter sehr wol wieder in den Sinn kommen, so dass er seine Worte darnach modelte. Jedenfalls hat der Spanier das Verdienst, die eigenthümliche syntaktische Form, welche in den Vergilversen zum Ausdruck gelangt, auf Herodes übertragen zu haben. Diesem kommt sie weit besser zu, als dem Armiger oder dem Maiordomo. Auch hierin also zeigt der Spanier einen Grad von Takt und Gefühl, welcher dem lateinischen Mysteriendichter abgeht.[1])

---

[1]) In diesem Gespräch zwischen Herodes und den Magiern kommen einige Verse vor, welche auf die Zeit der Aufführung zu deuten scheinen. v. 100 ff. heisst es nämlich:

„XIII dias a
I mais non avera
Que la avemos veida
I bine percibida."

Daraus darf man wol auf den Epiphaniastag als den Tag der Aufführung schliessen. Das Fuero Juzgo (II. 1, 10. XII. 3, 6. cf. Isid. de off. eccles. I. 26.) nennt ihn neben Ostern und Weihnachten in der Reihe der grossen kirchlichen Feste. Stücke wie das unsrige wurden ohne Zweifel zur Verherrlichung des Tages mit herangezogen. — Allerdings ist zu bemerken, dass der 6. Januar nicht der einzige Tag

Von ungemeiner Wichtigkeit nun für die Chronologie des Stückes ist der Umstand, dass in diesem Dialoge die Namen Caspar, Melchior, Baltasar im Munde des Wortführers selbst erscheinen. Wie im Excurs gezeigt wird, wurden dieselben erst nach der Mitte des 12. Jahrhunderts populär. Damit fällt die Lidforss'sche Datirung in sich selbst zusammen.

Ein weiterer bemerkenswerther Zug, welcher unser Stück von den lateinischen abhebt, ist der nach der Entfernung der drei Weisen sehr geschickt eingelegte Monolog des Herodes. Nur mit Mühe hat dieser während des vorausgegangenen Zwiegesprächs seine innere Aufregung unterdrücken können. Nur weniges hat er gesprochen, und dies wenige nur in kurzen, fliegenden Sätzen. Handelt es sich doch um nichts geringeres als um den Bestand seines Rei-

---

war, an welchem Dreikönigsspiele statt fanden. So wählte man z. B. für dasjenige, welches 1417 auf Veranstalten der englischen Prälaten in Constanz gespielt wurde, den 24. Januar. Diese Verschiedenheit rührt daher, dass verschiedene Traditionen in Umlauf waren über die Zeit, welche die drei Könige zu ihrer Reise vom Morgenlande nach Bethlehem brauchten. Neben der von 13 Tagen bestand auch eine von 30 Tagen, was in der That zum 24. Januar stimmen würde. (cf. Hoffmann, Leben Jesu nach den Apokryphen. Leipzig 1851, p. 126. Weinhold, l. c. p. 122 corrigirt im Reichenbacher Spiele unnöthig 30 Tage in 13 Tage. Zingerle, Sitten, Gebräuche und Meinungen des Tiroler Volkes, Innsbruck 1857 p. 75. Hoffmann v. Fallersleben, Geschichte des deutschen Kirchenliedes bis auf Luthers Zeit. 2. Aufl. Hanover 1861. no. 259, 262 etc.) Beiläufig sei bemerkt, dass mit der 13tägigen Frist wahrscheinlich die im Bereich der altchristlichen Kunst nicht selten vorkommende, meines Wissens noch nicht interpretirte, Darstellung zusammenhängt, nach welcher die drei Weisen sich in eilendem Laufe und mit vorwärts gebeugtem Oberkörper, zuweilen auch mit fliegenden Mantel der Maria nahen. Wenn sie wirklich zu Fuss gingen, so that Eile allerdings Noth, um die Entfernung zu bewältigen. Den Weg von Saba nach Jerusalem berechnet Crombach (Primitiae gentium seu historia trium regum magorum, Colon. Agrip. 1654 p. 293—294) auf praeterpropter 300 Meilen! (Die Sage hatte aber auch noch andere Auskunftsmittel, um sich mit der Entfernung abzufinden. Sie liess nämlich auch die drei Könige anf Dromedaren nach Bethlehem ziehen (nach Isaias 60, 6).

ches. Jetzt, wo die Fremdlinge fort sind, macht sich seine Aufregung in drastischer und ziemlich volksthümlicher Sprache Luft:

„Quin vio numquas tal mal!
Sobre rei otro tal!
Aun non so io morto
Ni so la terra pusto!
Rei otro sobre mi!
Numquas atal non vi!
El seglo va a çaga,
Ja non se que me faga!
Por vertad no lo creo
Ata que io lo veo."

Ohne Zweifel verräth es schon ein fortgeschrittenes Kunstgefühl, wenn ein Dichter einer Situation in solchem Grade gerecht zu werden weiss, wie hier der unsrige. Wie unvollkommen erscheint daneben der Herodes der lateinischen Stücke mit den dick und geschmacklos aufgetragenen Zügen des Tyrannen!

Auch die folgende Scene, in welcher die Schriftgelehrten vor Herodes auftreten, verdient Beachtung. Denn der Dichter hat sich hier seine Aufgabe schwieriger gestellt, als seine lateinischen Vorgänger. Während bei diesen Herodes seine Frage an die Schriftgelehrten richtet, und diese ohne weiteres die bekannte Antwort geben, hat der Spanier sehr richtig herausgefühlt, dass die Sache in Wirklichkeit nicht so ohne Umstände vor sich gehen konnte. Er hat bemerkt, dass die Schriftgelehrten dem Herodes etwas unangenehmes zu sagen haben, und dass man einem Könige etwas unangenehmes, auch wenn es eine Wahrheit ist, nicht ohne weiteres ins Gesicht zu werfen pflegt. Die Herren mussten ohne Zweifel fürchten, sich durch rücksichtslose Mittheilung der Wahrheit die Ungnade ihres königlichen Gebieters zuzuziehen. Sehr geschickt ist daher das Auskunftsmittel, zu welchem der Dichter greift. Nachdem nämlich Herodes den Rabbiner gefragt, ob die Angaben der Fremden auf Wahrheit beruhen, erklärt dieser gradezu, dass die biblischen

Weissagungen nichts darauf bezügliches enthalten. Damit ist nun freilich Herodes nicht zufrieden und fragt ihn entrüstet, wozu er denn Rabbiner heisse, wenn er sich nicht auf die Weissagungen des Jeremias verstünde. Der Rabbiner wendet sich hierauf an seine Collegen, indem er sich eines Bessern zu besinnen scheint, und fragt, warum sie denn dem Könige nicht die Wahrheit mittheilen wollten. Da tritt ein andrer auf und betheuert, dass die Wahrheit ihm nicht bekannt sei. Leider bricht das Stück hier ab. Man wird sich kaum täuschen, wenn man annimmt, dass diese Scene mit gewissen realistischen Details gespielt wurde und ihrer heitern Wirkung auf das Publicum nicht verfehlte.

Noch eine Bemerkung in Bezug auf diese Scene. Sie spielt sich nicht im Beisein der drei Weisen ab, denn diese sind vorher von Herodes entlassen worden. Wenn wir bemerken, dass der Dichter im Allgemeinen bestrebt ist, durch eine realistische Behandlung seinen Gegenstand dem Leben nahe zu rücken, so werden wir auch in diesem Zuge keine reine Zufälligkeit erblicken können. Der Dichter erreichte dadurch ein doppeltes. Einmal gewann er Platz für den Monolog, welcher, bei der aufgeregten Stimmung des Herodes eine psychologische Nothwendigkeit, doch unmöglich im Beisein der Fremden vorgetragen werden konnte. Und sodann umging er damit das Bedenkliche, welches darin gelegen haben würde, die Weissagungen im Beisein jener nachschlagen zu lassen. Ein Dichter wie der unsrige musste sich sagen, dass der König sich vor den Fremden keine Blösse geben durfte. Da dies leicht eintreten konnte, wenn die Weissagungen etwas zu seinen Ungunsten enthielten; so war es besser, dass die Fremden vorher entlassen wurden.

Diese Betrachtungen mögen hinreichen, um das oben gegebene Gesammturtheil zu rechtfertigen. Es muss daher als ein grosser Irrthum bezeichnet werden, wenn Don José und Lidforss das Stück als roh und primitiv kurzweg bezeichnen. Roh auf keinen Fall! Primitiv? ja, wenn man es mit der Kunststufe eines Calderon'schen Auto's vergleicht. Aber ganz anders muss sich das Urtheil gestalten, wenn wir von den Anfängen dramatischer Kunst ausgehen. Denn dann springt der bedeutsame Fortschritt, welchen unser Stück repräsentirt, sofort in die Augen. Wenn die Herausgeber hier die Bezeichnung „liturgisch" anwenden, so muss betont werden, dass sie in userm Falle keine Berechtigung mehr hat. Nichts triftiges lässt sich dafür anführen. Der grosse Umfang, den die Rolle des Herodes angenommen, spricht direct dagegen. Aus der ganzen Analyse des Inhalts muss es klar geworden sein, dass wir es hier nicht mehr mit einem Officium, sondern mit einem wirklichen Schauspiel zu thun haben.

Als Resultat kann sich nur dies ergeben, dass dieses spanische Myster in eine andere, spätere Zeit fällt, als die oben behandelten lateinischen Texte. Ganz abgesehen von dem einen so gut wie durchschlagenden Argumente, welches gegen das 11. Jahrhundert spricht, kann dieses unmöglich in Frage kommen. Im Rahmen des 11. Jahrhunderts lässt sich unser Stück überhaupt nicht begreifen. Es ist undenkbar, dass in Spanien ein von den gottesdienstlichen Formen dermassen losgelösstes, so weit entwickeltes, so durch und durch volksthümlich gehaltnes Drama zu derselben frühen Zeit existirt habe, wo das Dreikönigsspiel in andern Ländern sich noch in den unvollkommenen Formen bewegte, die wir oben kennen lernten, und das lateinische Gewand noch nicht abgestreift hatte. Man erinnere sich ferner daran, was das 11. Jahrhundert grade für Spanien bedeutet. Eine Zeit der bittersten Kämpfe, in welchen der vaterländische Boden dem Afrikaner Schritt für Schritt abgerungen wurde, deren Durchführung die Kraft des gesammten Volkes absorbirte. In jenen Tagen der Bedrängniss, wo der Ritter, nach dem Bericht der Cronica General de España, in steter Erwartung des Angriffs, neben dem gesattelten Rosse schlief, inmitten jener gewaltigen, den ganzen Volkskörper durchzuckenden Aufregungen der „Restauracion de España," unter denen der spanische Nationalcharakter sein definitives Gepräge erhielt, konnte das Heldenlied wol eine Stätte finden, aber für die Ausbildung eines volksthümlichen Dramas war da kein Raum. Man müsste denn gerade für Spanien eine ganz abnorme geistige Entwicklung voraussetzen.

So viel in Bezug auf den Inhalt unsres Stückes. Es fragt sich nun, ob das so gewonnene Resultat im Character der Sprache Bestätigung findet.

Gleich auf den ersten Blick zeigt sich hier ein schwieriger Punkt. Der eigenthümlichste Zug nämlich, welcher unsern sonst rein castilischen Text[1]) charakterisirt, ist das vollständige Fehlen der Diphthonge ie und ue.[2]) Diese Eigenthümlichkeit betrachtet Lidforss als den Hauptgrund, weshalb man das Stück in das 11. Jahrhundert zu rücken habe. Die Thatsache steht allerdings fest. Das Verzeichniss der Fälle, welches Lidforss p. 57 giebt, lässt sich auch noch um einige vermehren: v. 16 december für deciember, v. 24, 71, 86, 112 terra für tierra, v. 70 acenso, v. 74 encenso für -cienso. Dabei fällt aber auf — ein Punkt, auf welchen der schwedische Herausgeber kein Gewicht legt — dass nun nicht etwa, wie man erwarten sollte, die entsprechenden lateinischen Vokale e und o in ihrer ursprünglichen Reinheit erhalten sind, sondern e wechselt in dem einen Falle mit i, o wechselt in dem andern Falle mit u. So haben wir einerseits:

v. 16 december, 24 certas, 24, 71, 86, 112 terra, 37 celo, 70 acenso, 74 encenso, 143 entendes,

gegen:

4 timpo, 4, 10, 11, 39, 50, 69, 103 bine, 13 quiro, 20 vinet, 21 bis, 81, 109 quin, 21 tine, 42 cilo.

Andrerseits:

38 bono, 78 longa, 83, 130 vostros, 111 morto, 150 nostras,

gegen:

13 pudet, 104, 133 pus, 112 pusto.

---

[1]) Unser Stück steht in einer Handschrift von Toledo, welches dem castilischen Sprachgebiet angehört. In dieser Stadt dürfen wir uns wol die Entstehung und Aufführung desselben denken.

[2]) Don José, welcher behauptet (l. c. p. 657), dass es sein Bestreben gewesen sei „á guardar toda fidelidad, á fin de conservar su especial carácter al ms." stellt in seiner Ausgabe die Diphthonge fast durchweg her.

Eine bewusste Absicht für diese verschiedene Orthographie Seitens des Schreibers nachzuweisen, ist unmöglich. Erscheint doch sogar das nämliche Wort das eine Mal als celo und das andre Mal als cilo. Das Fehlen der Diphthonge aber liesse sich verschieden erklären. Einmal könnte man annehmen, dass der Schreiber des Textes einer Provinz oder einer Gegend Spaniens angehörte, in welcher die Diphthongisirung nicht vorhanden oder wenigstens nicht durchgedrungen war. Da man sich indess vergebens bemüht, sonstige dialektische Eigenthümlichkeiten in unserm Texte aufzufinden, so will mir diese Annahme wenig einleuchtend erscheinen. Als natürlicher ergiebt sich folgendes: Das eigenthümliche Schwanken des Schreibers scheint darauf hin zu deuten, dass er sich in einer gewissen Verlegenheit befand. Ich meine, es konnte ihm nicht in den Sinn kommen, die so einfach wiederzugebenden Laute e und o durch je zwei verschiedene Zeichen auszudrücken, wenn sie zu seiner Zeit rein erhalten gewesen wären. Warum sollte er timpo schreiben, wenn man wirklich tempo sprach, warum pudet schreiben, wenn man podet sprach? Formen, die nicht nicht etwa dem Reime zu Liebe geschrieben sind, sondern die mitten im Verse stehen. Grade durch diese schwankende Schreibung also werden wir auf eine Zeit gewiesen, wo die Vokale e und o in der Volkssprache schon getrübt waren, d. h. diphthongisirt. Warum er die Diphthongisirung nicht einfach wiedergab, dafür lässt sich sehr wol ein Grund denken, wenn man die Schreibung des Textes im Allgemeinen in Betracht zieht. Man bemerkt nämlich auf den ersten Blick, dass der Schreiber ziemlich stark unter dem Einflusse der lateinischen Orthographie steht. Offenbar war er ein Geistlicher, d. h. also ein Mann, der weit mehr Lateinisch als Spanisch schrieb, und der daher das Lateinische als linguistische norma normans betrachtete. Es darf daher nicht Wunder nehmen, dass sich dieser Schreiber nicht entschliessen konnte, Laute wie ie und ue, für welche er im Lateinischen keinen Präcedenzfall fand, und welche er von dort her nicht gewohnt war zu schreiben, rein wiederzugeben. Auch Don José ist die latinisirende Schreibung unsres Textes aufgefallen. Aber er geht zu weit, wenn er sagt, dass das Stück von halblateinischen Wörtern wimmele. Er unterscheidet da nicht scharf zwischen Laut und Buchstabe. Im äussern Gewande der lateinischen Orthographie erscheint allerdings manches Wort, aber man sieht doch aus den gelegentlich wie gegen den Willen des Schreibers durchbrechenden nationalen Formen, dass ihm diese sehr wol bekannt waren. Es fehlte ihm nur an Uebung, sie graphisch darzustellen. Auch die dem 13. Jahrhundert angehörigen Handschriften des Fuero Juzgo schwanken noch ziemlich stark in der Darstellung der Diphthonge. Auch noch zu dieser Zeit waren die Verhältnisse in Spanien derart, dass man weit mehr Lateinisch als Spanisch schrieb.

Ein Irrthum würde es sein, aus Reimen wie fembra — decembre v. 15—16, und terra — guerra v. 24—25, 86—87 zu schliessen, dass der Diphthong ie zur Zeit der Abfassung unseres Stückes noch nicht vorhanden gewesen sei. In diesen Fällen reimt allerdings ein Wort, welches gemeincastilisch den Diphthong angenommen hat, mit einem, welches davon frei geblieben ist. Indess ist hier zu bemerken, dass es im ältern Spanisch durchaus nicht unerhört war, reines e mit ie reimen zu lassen. Selbst bei einem so sorgfältigen und gefeilten Dichter wie Gonzalo del Berceo finden sich derartige Reime gelegentlich, von Belegen aus der sonstigen Literatur zu geschweigen.

Uebrigens hat Diez[1]) den Diphthong ie schon in einer lateinisch geschriebenen Urkunde aus Castilien vom Jahre 804 nachgewiesen. Vielleicht existirte er schon im 8. Jahrhunderte, doch ist die Authenticität des Schriftstückes, aus welchem diese Thatsache zu schöpfen wäre, nicht über jeden Zweifel erhaben.[2]) Auf alle Fälle aber muss man als höchst wahrscheinlich annehmen, dass diese Lauterscheinung zwei Jahrhunderte nach ihrem ersten urkundlich beglaubigten Auf-

---

[1]) Diez, Gram. der rom. Sprachen, 1. Theil. 3. Aufl. Bonn 1870 p. 356.
[2]) ib. p. 358.

treten weite Verbreitung im Gebiete der spanischen Volkssprache gefunden hatte und einen charakteristischen Zug derselben bildete, wenn auch lange Zeit hindurch eine gewisse Latitude in der Anwendung vorhanden sein mochte. Lidforss täuscht sich daher, wenn er die Schwierigkeit dadurch zu heben meint, dass er unser Stück bis in das 11. Jahrhundert heraufrückt. Die Schwierigkeit bleibt bei dieser Annahme nach wie vor bestehen.

Was der schwedische Herausgeber sonst an sprachlichem Material herbeibringt, fällt für seine Datirung wenig oder gar nicht ins Gewicht. Für sehr primitiv hält er die Verbalformen pudet v. 13 und vinet v. 20, in denen der Endconsonant noch erhalten ist. Indess wird die Bedeutung derselben dadurch etwas verringert, dass diesen zwei Fällen, wo das t noch erhalten ist, mehr als ein Dutzend gegenüber stehen, wo es abgefallen ist. Und dann sind auch diese zwei Fälle nicht ohne Parallelen in der sonstigen Literatur. Aus dem Cid lassen sich allerdings nur Beispiele für die Erhaltung des t in der 3. plur. anführen, aber das Fuero Juzgo, welches dem 13. Jahrhundert angehört, bietet neben zahlreichen 3. plur. mit t auch zwei 3. sing. mit t: perdat I. 12. sofret I. 16. Die zwei vereinzelten Formen unsres Textes können also nicht als Argument für ein ausnahmsweise hohes Alter desselben angeführt werden.

Andrerseits hat Don José Amador de los Rios eine längere Anmerkung über die Sprache unsres Mysters, in welcher er sich bemüht, die schon oben citirte Behauptung zu erhärten, dass es von halblateinischen Wörtern wimmele, und dass seine Sprache daher dem Lateinischen näher stehe als die des Cid. Was aber Don José dafür vorbringt, ist nichts weniger als stichhaltig. Gleich der erste Beleg ist ganz haltlos. Hier stellt er nämlich das in v. 1 angeblich vorkommende „deus" gegen die im Cid stehende Form „dios". Allerdings bietet Don José's Text „deus", aber er selbst hat uns durch sein Facsimile die Möglichkeit einer Controle an die Hand gegeben. Das Facsimile giebt d̄s, und die nämliche Abkürzung erscheint, wie man aus Lidforss's Ausgabe sieht, überall wo das Wort im Texte erscheint, v. 15, 19, 76, 79. Es ist ganz unersichtlich, wie Don José auf eine von ihm selbst erst geschaffene Form einen Beweis gründen kann. Ferner stellt er die in unserm Texte sich findende Schreibung acheste als älter neben die im Cid stehende Form aqueste. Doch beweist dies gar nichts, da ch und q im ältern Spanisch denselben Lautwerth haben können. Urkunden schreiben Chintila neben Quintila.[1]) Ferner soll die Form nocte in unserm Stücke älter sein als noche im Cid. Don José vergisst aber zu erwähnen, dass v. 28 noche steht. Zweifelsohne wurde der Zischlaut zur Zeit des Schreibers schon gesprochen, so dass nocte weiter nichts ist als eine latinisirende Schreibung, die ihm begreiflich genug hier und da unter die Finger kam. Unstatthaft ist es ferner die Form des Personalpronomens jo (besser io) in unserm Texte als älter gegen das im Cid stehende yo zu setzen. Beide Schreibungen bedeuten schlechterdings dasselbe und kommen neben einander vor. So liest man z. B. Gonz. Berc. Sign. del Juicio 33 io, 34 yo. Weiter meint Don José, dass die Form vertad älter sei als die erweichte Form verdad im Cid. Er unterlässt aber auch hier mitzutheilen, dass unser Text drei verschiedene Male die erweichte Form hat, v. 7, 45, 50. Ferner wird seclo gegen seglo im Cid gestellt, aber auch hier verschwiegen, dass v. 44 seglo steht, so dass seclo nur als orthographischer Latinismus betrachtet werden kann. Was senior anbelangt, so ist es nicht älter als sennor im Cid. Der Lautbestand beider Formen ist wiederum identisch, nur die Schreibung ist verschieden. Der mouillirte n-Laut wurde im Altspanischen sowol durch ni als durch nn ausgedrückt. Endlich kann das in unserm Texte stehende strela nicht ohne weiteres als älter dem estrela des Cid gegenüber gestellt werden. Einmal ist der prothetische Vokal bei s+Consonant, wie sich von vornherein vermuthen lässt, sehr alt auf der iberischen Halbinsel: schon auf einer lateinischen Inschrift Spaniens findet man „Isco-

---

[1]) Diez, l. c. p. 387.

lasticus."¹) Und sodann ist er auch unserm Texte nichts weniger als fremd: v. 37 escriptura, ib. estrela, 127, 129, 137 escripto. v. 66 ist man sogar gezwungen, estrela herzustellen.²) Das einfache l ferner in estrela ist nur graphisch von ll in estrella verschieden. Beide Schreibungen wechseln in den ältern spanischen Texten unterschiedslos mit einander ab. So hat unser Stück fallar v. 79, v. 35. 64, 149 aber die Schreibung mit einfachem l.

So viel um zu zeigen, dass das sprachliche Beweissmaterial für das Alter unsres Stückes, welches der spanische Herausgeber zusammengestellt hat, in Wirklichkeit nichts beweist.

Ich schliesse nun selbst noch einige sprachliche Bemerkungen an:

v. 2 porhio, offenbar identisch mit porfio. Damit halte man zusammen v. 27 hata (v. 118 ata), und v. 129 he. Gewöhnlich allerdings ist der f-Laut in unserm Stücke noch erhalten, v. 8 figo, v. 13 fembra, v. 34 facienda, v. 35 falada, v. 65 falar, v. 75 fagamos, v. 96 face, v. 116 faga. Doch verdienen die drei obigen Fälle Beachtung. Denn der Uebergang von f zu h ist dem Cid noch völlig unbekannt.

v. 14 i=und. So wird stets in unserm Texte die lateinische Conjunction et wiedergegeben.³) Auch diese Form ist dem Cid noch gänzlich fremd, er hat nur e. Das Fuero Juzgo und das Libro de Alexandro haben e neben i.

v. 35 numquas, neuspan. nunca. Der Cid hat allerdings in der Regel numqua oder nunca (v. 407, 2348, 2471, 2681,

---

¹) Inscript. Hispan. Lat. consil. et auctor. Acad. Lit. Reg. Boruss. ed. A. Hübner, Berol. 1869, no. 5129.

²) Mit den Herausgebern die Lesart der Hdsch.: el strela beizubehalten scheint mir unmöglich. Allerdings kann ja im Altspan. der weibliche Artikel la durch den männlichen el ersetzt, oder besser ausgedrückt, die alte Form des weiblichen Artikels ela zu el verkürzt werden, wenn das folgende Substantiv mit einem Vocal anfängt, aber nicht vor einem Consonanten. Wir sind daher hier gezwungen, das prothetische e einzusetzen und zu schreiben: el estrela.

³) Don José schreibt in seiner Ausgabe bis auf einen Fall stets e oder et. cf. p. 22 Note 2.

3378). Doch daneben auch einmal numquas v. 532. Dieselbe Form findet sich im Libro de Alex. 136. Man vergleiche damit doncas, Fuer. Juzg. I. 2.

v. 35 alguandre. Ein aliquantulum zur Erklärung dieser Form zu Hülfe zu nehmen, ist kaum nöthig. Denn nach n+Dental liebt das Spanische den r-Laut einzuschalten. So erklären sich auch die altspan. Adverbia auf -mientre. Noch jetzt landre von glandem, liendre von lendem etc.

v. 39, 87 sines. Auch sonst nicht unerhört, z. B. Lib. Alex. 545, 973.

v. 41. Dass der Schreiber wirklich beabsichtigt hat, die unspanische Form do für de zu setzen, ist nicht denkbar. Wahrscheinlich ist die Schlinge des e etwas zu gross ausgefallen, und daher do gelesen worden.

v. 44. Wie Lidforss diesen Vers liest: „todos o seglo uogara" ist er unverständlich. Selbst wenn es erlaubt wäre, uogara auf das Lateinische vocare zurückzuführen, welches sonst nur als voccar existirt, und zu lesen: „todo lo seglo uogara," würde der Sinn doch immer nicht befriedigen. Vielleicht kann man iutgara für uogara lesen, paläographisch durchaus keine Unmöglichkeit. Dies würde, mit Beibehaltung der einfachen, und wie es scheint, nothwendigen Verbesserung „todo lo" einen in den Zusammenhang sich sehr wol einfügenden Sinn ergeben und an eine häufige biblische Wendung erinnern. Die Form iutgar für iudgar steht oft im Fuero Juzgo.

v. 45 ein schwieriger Vers. Escudero de la Peña glaubte zu sehen: „es mes sudo." Amador de los Rios und Lidforss lesen, und zwar der letztere mit Reserve: es nascudo. Dies ist aber wegen der Form des Participiums völlig unstatthaft, die sonst, so oft sie im Texte erscheint, stets nacido heisst. Und sodann, wenn man den Passus im Zusammenhange liest und mit den analogen Stellen in den Reden der beiden andern Magier vergleicht, scheint doch etwas andres in unserm Verse stehen zu müssen. Jene andern zwei Stellen deuten nämlich darauf hin, dass der Magier einen Zweifel in Bezug auf die Erscheinung auszusprechen hat, und daher könnte „dudo" an der verderbten Stelle gestanden haben. Aber wenn es auch dem Sinne nach befriedigen würde zu lesen: „mas io dudo que es verdad," so ist damit natürlich noch nicht gesagt, dass dies die ursprüngliche Lesart ist.

Der Rhythmus verlangt nothwendig die Umstellung: „es verdad." Der ·entsprechende Reimvers ist ausgefallen.

v. 63 avedes lo veido. Lo ist wol in la zu ändern, da nur estrella damit gemeint sein kann. Ebenso im folgenden Verse.

v. 65, 78 imos für vamos findet sich auch sonst in der ältern Literatur Spaniens. So Lib. Alex. 2117. Gonz. Berc. Lor. 71 etc.

v. 70 ofreçremos. Unnöthig schaltet Lidforss nach dem c ein e ein. Der Schreiber hat unter dem c einfach die Cedille vergessen, wie auch v. 115 bei caga, neusp. zaga. So liest man im Cid 688, 2199 creçremos. Andrerseits findet man auch z. So v. 92 unsres Stückes dizremos. Cid v. 2686 iazredes, 1884 crezremos.

v. 76, 78 Dios te curie de mal. Eine im Altspanischen häufige Formel. So Cid v. 329, 364, 1396, 1407, 1410, 2891. Gonz. Berc. S. Mil. 5 etc. Das hier in ein Verbum der 1. Conjugation eingeschobene i, ein seltner Vorgang im Altspanischen, ist in der modernen Sprache wieder ausgestossen worden.

v. 95 für un strela ist entweder un' estrela oder una 'strela zu lesen. Man kann fragen, ob es des Reimes wegen nicht vorzuziehen ist, (e)strela an das Ende des Verses zu setzen.

v. 121 mios, v. 124 meos. Dieser von Diez nicht erwähnte alterthümliche Plural findet sich einige Male im Cid, v. 220, 1044, 3080, 3120, 3159, 3207. So auch Fuer. Juzg. 1, 9. II. 4, 13. Daneben hat unser Text mehrere Male mis.

v. 124 gramatgos. Man sieht, diese Form war auf dem besten Wege, zu gramazgos zu werden. Wahrscheinlich wurde der Lautprocess durch gelehrte Einflüsse aufgehalten und wieder rückgängig gemacht, so dass man jetzt gramatico schreibt.

v. 134 vo lo digo. Das s im Pronomen vos, wenn mit lo verbunden, wird im Cid nie elidirt: v. 259, 493, 691, 1043, 1045, 1069, 1214, 1534, 2079, 2110, 2180, 2798, 2854, 2861, 3147, 3419, 3479, 3521. Freilich könnte der Wegfall des s in unserm Falle nur ein Schreibfehler sein, wie in v. 6.

v. 140 mi hala. Diese Schreibung ist schlechterdings unverständlich. Dem Sinne würde Genüge geschehen, wenn man läse: „nin haura," mit einer ähnlichen Wendung wie v. 101. Die Form haura für das v. 101 stehende auera hätte natürlich nichts bedenkliches.

v. 142 clamado, eine latinisirende Schreibung, die im Gonz. Berc. oft genug erscheint.

v. 150 vocas. Dies Wort lässt sich nur als bocas verstehen. Sehr passend legt der Dichter dem jüdischen Schriftgelehrten eine biblische, speciell alttestamentliche Redewendung in den Mund. cf. Maleach. 2, 6: Lex veritatis fuit in ore ejus. Psalm 5, 10: non est in ore eorum veritas etc.

Abstrahiren wir nun aus diesen Bemerkungen die für die Chronologie des Stückes in Frage kommenden Punkte, so ergiebt sich auch hieraus, dass schlechterdings kein Grund vorhanden ist, ihm ein so ausserordentlich hohes Alter zuzuweisen, wie das 11. Jahrhundert sein würde. Was dafür angeführt worden ist, erweist sich bei näherer Betrachtung entweder als ein rein äusserlicher Zufall der stark unter dem Einflusse lateinischer Schreibgewohnheiten stehenden Niederschrift des Textes, oder als Züge, die ihm nicht specifisch eigenthümlich sind. Wenn das Stück auch manches Alterthümliche mit dem Cid gemeinsam hat, so geht es doch andrerseits in mehreren Punkten über die sprachliche Entwicklungsstufe desselben heraus. Wir dürften daher der Wahrheit wol am nächsten kommen, wenn wir es der zweiten Hälfte des 12. oder dem ersten Theile des 13. Jahrhunderts zuweisen. Das ist auch ungefähr die Zeit, auf welche die oben gegebene Analyse des Inhalts, sowie das aus den drei Namen geschöpfte Argument führt. Zwischen den beiden genannten Zeitläufen entscheiden zu wollen, ist bei dem vorhandenen kritischen Materiale nicht rathsam.

Anhang.

I. Lateinisches Dreikönigsspiel aus Compiègne,
erhalten in einer
Handschrift des 11. Jahrhunderts in der Bibliothèque Nationale fonds lat. no. 16819 f. 49.

Primus:
Stella fulgore nimio rutilat.

Secundus veniens a meridie:
Que regem regum natum monstrat.

Tertius ab australi parte:
Quem venturum olim prophetia signaverat.

Postea dant oscula invicem, deinceps dicunt:
Eamus ergo et inquiramus eum, offerentes ei munera, aurum tus et mirram, quia scriptum didicimus: adorabunt eum omnes reges, omnes gentes servient ei.

Legati regis ad magos:
Principis edictu, reges, prescire venimus
Quo sit directus hic vester et unde profectus.

Magi:
Regem quaesitum duce stella significatum
Munere proviso properamus eum venerando.

Durch gütige Vermittlung des Herrn Archivar A. Leroux in Limoges wurde mir eine Abschrift dieses Spieles von Paris aus zugestellt, zu einer Zeit, wo ich noch nicht wusste, dass es mir selbst möglich sein würde, mich von der Genauigkeit derselben zu überzeugen. Es sei mir hier gestattet, meinen herzlichsten Dank dafür auszudrücken.

Nuntius:
En magi veniunt, et regem regum natum stella duce requirunt.

Jussus regis:
Ante venire iube, ut possim singula scire,
Qui sunt, cur veniant, quo nos pignore requirant.

Iterum legati ad magos:
Reges eximii, prestante decore verendi,
Rex petit ad sese, placeant mandata, venite.

Veniunt ante regem. Osculatus est eos.
Regem quem queritis natum esse quo signo didicistis?

Magi:
Illum natum esse didicimus in oriente stella monstrante.

Rex:
Si illum regnare creditis, dicite michi.

Magi:
Hunc regnare fatentes cum misticis muneribus de terra longinqua adorare venimus, trinum deum venerantes tribus in muneribus.

Primus:
Auro regem.

Secundus:
Ture sacerdotem

Tertius:
Mirra mortalem.

Rex:
Huc, siniste mei, disertos pagina scribas prophetica ad me vocate.

Nuncii ad scribas:
Vos, legis periti, a rege vocati cum prophetarum libris properando venite.

Rex:
O vos, scribe interrogati, dicite si quid de hoc puero scriptum videretis in libro.

Scribe:
Vidimus domine, in prophetarum lineis quod manifeste scriptum: „Belleem, non es minima in principibus Juda, ex te enim exiet dux qui regat populum meum Israel. Ipse enim salvum faciet populum suum a peccatis eorum.

Rex:
Ite et de puero diligenter investigate et invento redeuntes michi renuntiate.

Ter:
Ecce stella, et ecce stella in oriente previsa iterum precedit nos lucida, quam Balaam ex Judaica orituram dixerat prosapia, que nostrorum oculos fulgoranti lumine perstrinxit pavidos lucida. Ipsam simul congrediendo sectantes non relinquamus ultra, donec nos perducat ad cunabula.

Mulieres:
Qui sunt hi qui stella duce nos adeuntes inaudita ferunt?

Magi:
Nos sumus quos cernitis reges Tharsis et Arabum et Saba, dona ferentes Christo regi nato domino, quem stella deducente adorare venimus.

Mulieres:
Ecce puer adest quem queritis: Jam properantes adorate, quia ipse est redemptio mundi.

Magi:
Ave rex sacculorum.

Primus:
Suscipe rex aurum.

Secundus:
Tolle tus tu verus Deus.

T(ertius):
Mirram signum sepulture.

Angelus:
Implita sunt omnia.

Nuncius ad regem:
Delusus es, domine, magi viam redierunt aliam.

Armiger:
Decerne, domine, vindicari iram tuam, et stricto mucrone querere iube puerum, forte inter occisos occidetur et ipse.

Rex:
Indolis eximie pueros fac ense perire.

Angelus:
Sinite parvulos venire ad me, talium est enim regnum celorum.

Bildungsgang des Verfassers.

Ich, Karl August Martin Hartmann, wurde am 22. August 1854 zu Bautzen geboren, als Sohn des Herrn Karl August Julius Hartmann und der Frau Eva Henriette Hartmann geb. Peschke, und in der protestantischen Confession erzogen. Meine Aeltern sind beide noch am Leben. Nachdem ich die erste Schulbildung auf der Bürgerschule meiner Heimath empfangen, wurde ich 1865, und zwar auf meinen selbeignen Antrieb, auf das Gymnasium ebenda geschickt. Im Jahre 1873 unter dem Rectorate des Herrn Prof. Kreussler entlassen, bezog ich die Universität Leipzig, mit einem Fonds altklassischer Bildung ausgerüstet, der für einen Primaner nicht unbeträchtlich war. Da ich mich der alten Philologie zu widmen gedachte, so besuchte ich zuerst namentlich die Vorlesungen der Herren Prof. Ritschl und Curtius. Doch schon nach Verlauf eines halben Jahres reifte in mir, in Folge einer indirect von ersterem ausgegangnen Anregung und unter dem Einflusse einer in jenem ersten Semester eifrig betriebenen Plautuslectüre, der Entschluss, mich der neueren Philologie zu widmen. Das Studium der romanischen Sprachen hatte gleich von Anfang an viel Anziehendes für mich, während ich mich, wie mir noch sehr lebhaft gegenwärtig ist, nur mit einem geheimen Widerwillen zum Erlernen des Englischen entschliessen konnte. Dieses erschien mir damals noch als eine unschöne Sprache, ein Vorurtheil, welches ich erst später in England selbst abgeschüttelt habe. Zunächst blieb ich noch zwei Semester in Leipzig, wo ich unter der vortrefflichen Anleitung des Herrn Prof. Ebert und des damals grade seine Docentencarrière antretenden Herrn Dr. Wülcker meinen Studien die zu einer wissenschaftlichen Betreibung derselben erforderlichen historischen Grundlagen geben konnte. Ausserdem besuchte ich namentlich die germanistischen Vorlesungen der Herren Prof. Zarncke und Dr. Paul. Im Herbst 1874 liess ich mich an der Universität Strassburg immatriculiren. Daselbst wurde ich durch die Herren Prof. Boehmer und Ten Brinck wesentlich in meinem Studium gefördert. Während der zwei Semester meines dortigen Aufenthaltes war ich Mitglied des romanischen Seminars, dessen Arbeiten sich besonders auf provençalische und italienische Texte erstreckten. Im Sommersemester 1875 war ich auch Mitglied des englischen Seminars, welches sich damals mit dem Studium des ältern englischen Dramas beschäftigte. In Strassburg, wie begreiflich, wurde lebhaft der Wunsch in mir rege, meine Studien im Auslande fortzusetzen. Dank der grossen Güte meines Vaters, der mir stets in wahrhaft liberaler Weise entgegen gekommen ist, wenn es sich um die Förderung meiner Studien handelte, wurde es mir zu meiner lebhaften Freude ermöglicht, diesen Wunsch auszuführen und im Herbst 1875 nach Paris abzureisen. Uebrigens war ich schon seit zwei Jahren gänzlich militärfrei. In Paris besuchte ich einmal die ausgezeichneten Vorlesungen der École des Chartes, und sodann vornehmlich die von M. Gaston Paris trefflichst geleiteten romanischen Uebungen der École pratique des hautes Études, sowie ebendesselben Gelehrten Vorlesungen am Collège de France über die ältesten französischen Literaturdenkmäler, ich darf sagen, mit wahrhaftem Nutzen für meine wissenschaftliche Ausbildung. Mit besonders warmen Gefühlen des Dankes erinnere ich mich an die Theilnahme, die ich damals mit meinen Studien bei meinem Freunde M. Alfred Leroux fand. Am 12. September 1876 reiste ich von Paris nach England ab. Nachdem ich mich einige Wochen in Oxford aufgehalten und dort im Auftrage des Herrn Prof. Böhmer eine altfranzösische Handschrift an der Bodleiana collationirt hatte, siedelte ich nach Edinburgh über. Dorthin zog mich namentlich David Masson's Name, mit dessen Miltonausgabe ich mich schon in Strassburg bekannt gemacht hatte.

Nicht nur die Vorlesungen dieses Gelehrten an der Universität Edinburgh, sowie die Theilnahme an den damit verbundenen Arbeiten, sondern auch persönlicher Verkehr in seinem gastfreundlichen Hause hat mir reichlichste Förderung und Anregung gewährt, wie ich auch andrerseits in dem Rev. Mr. Thompson und dessen Frau Gemahlin treffliche Rather und Helfer bei meinen englischen Studien fand. Nicht minder mögen die Herren David Patrick und James Gidney meines herzlichsten Dankes gewiss sein. Von einem vandalischen Diebstahle abgesehen, dessen Opfer meine Bücher und Papiere im Hafen von Leith wurden, — animus meminisse horret, luctuque refugit! — konnte ich Schottland nur mit angenehmen Erinnerungen verlassen, nicht ohne zuvor die Highlands aus eigner Anschauung kennen gelernt zu haben. Ostern 1878 nach Leipzig zurückgekehrt, besuchte ich, ausser den pädagogischen Vorlesungen und Uebungen der Herren Prof. Masius und Eckstein, besonders auch die altenglischen Uebungen des Herrn Prof. Wülcker. Dieser letztere sowie Herr Prof. Ebert haben mich während dieses meines zweiten Leipziger Aufenthalts durch mannigfache Theilnahme und vielfältige persönliche Anregung auf das tiefste verpflichtet. Am 16. und 17. Juni 1879 bestand ich die mündliche Staatsprüfung für „neuklassische" Philologie in der philologisch-historischen Section zu Leipzig, nachdem ich zuvor folgende Prüfungsthemata schriftlich bearbeitet hatte, in englischer Sprache: „Did King Ælfred compose the metrical version of the metres of Boetius?" und in lateinischer Sprache: „Ovidi metamorphoseon arte et natura breviter exposita ad libri quarti versus LV.—CIV. commentarius conficiatur." Erstere Arbeit wird demnächst in der Anglia veröffentlicht werden. Nachdem ich im Juli nach dem Staatsexamen meine Promotionsschrift eingereicht hatte, — von der mündlichen Doctorprüfung wurde ich dispensirt, — designirte mich noch in demselben Monate das hohe Ministerium des Cultus und öffentlichen Unterrichts zum Vertreter der neuern Sprachen am neuen königlichen Gymnasium zu Leipzig. Die Zeit bis zur Eröffnung desselben beschloss ich zu einem zweiten Aufenthalte in Frankreich zu benutzen. Am Tage vor meiner Abreise, am 26. Sept. h. a., wurde ich, mit Erlassung des Probejahres, zum ordentlichen Oberlehrer an obigem Gymnasium ernannt. Es sei mir zum Schluss dieser Skizze noch gestattet, allen meinen Lehrern in Deutschland, Frankreich und Schottland hiermit meinen wärmsten Dank auszudrücken..

Passy-Paris, 42 rue de la Tour, 5. Nov. 1879.

Schmaler's Buchdruckerei in Bautzen.